ちくま新書

空海に学ぶ仏教入門

吉村 均
Yoshimura Hitoshi

1284

空海に学ぶ仏教入門【目次】

はじめに

†伝統的仏教理解と近代的理解の違い

現在、日本でおこなわれている仏教の説明の多くは、伝統的な仏教理解とはまったく異なる発想に立っています。

日本には長い仏教の歴史があり、伝統的な理解が受け継がれてきました。それに対して、現在の説明は、明治時代に近代化のために様々な知識、技術が西洋から取り入れられた際に、当時のヨーロッパの仏教研究を、学問的な仏教理解として受容するところから出発したものです。

仏教には膨大な経典が存在し、異なる内容が説かれています。伝統的には、それは対機《たいき》説法《せっぽう》――釈尊が一律の教えを説かず、相手に合わせて異なる教えを説いたことで説明されてきました。

それに対して、十九世紀のヨーロッパの研究では、それらの大半は後代の変質や他思想の混入として説明され、それらを取り除くことによって、オリジナルの思想に到達することが目指されていました。

伝統的理解は、仏教が何に苦しみの原因を求めるかということと、密接に関わっています。

仏教では我執《がしゅう》――私たちが普通疑っていない、自分がいて、自分が捉えた通りの対象、世界があるという捉え方に実は問題があり、それこそが苦しみの真の原因だと説きます。それは単なる観念や思想ではなく、私たちが一瞬一瞬感じているリアリティそのものですから、単に仏教を信じるだけでは、苦しみから解放されることはありません。仏教で修行――物の捉え方を変える訓練が必要とされるのは、そのためです。

しかし、大多数の人は自分の感じていることこそが「現実」で、それに疑いを抱いたり、変える必要があるとは思っていませんから、物の捉え方を変える修行法があったとしても、それをやろうとはしません。

そのため、一律の教えでは役に立たず、一人一人に合わせ、その人が納得する目標設定をおこなう必要がある、これが伝統的な仏教の考えです。

本書で紹介する空海の十住心《じゅうじゅうしん》は、このような理解に立ち、インドや中国から伝えられた様々な教えを、十の心のあり方に対応するものとして、体系化したものです。

十九世紀は、まだ飛行機はなく、アジアとヨーロッパの間の人の行き来は容易ではありませんでした。当時のヨーロッパの仏教研究は、アジアに行って沢山の経典を集めて持ち帰り、翻訳研究する、文献中心のもので、彼らの宗教とは異なる仏教の発想法は、まだよく理解されていませんでした。

彼らの宗教は、神が世界をお作りになり、その神の命に従うというもので、教義に従うことが中心になっています。彼らは経典の様々な教えを教義と考え、そのなかのどれが真の仏教の教義であるかを探ろうとしたのです。

現在、西洋では、仏教と彼らの一神教の違いが次第に理解されるようになり、仏教に関心を持つ人が増えています。心のあり方を変えることで苦しみを減らしていく仏教の考えと実践に、彼らの宗教にはないものを期待しているのです。

一方、明治の日本では、直接にはキリスト教系の学校への警戒心から、当時の文部省の方針で、学問を教えるのでなければ大学の設置認可が下りず、仏教の各宗派が設立した大学で、ヨーロッパから取り入れた学問的な仏教研究が教えられることになり、それは研究者だけではなく、僧侶の間にも浸透していきました。

現在、僧侶のなかに「輪廻《りんね》は仏教本来の教えではない」とか「釈尊《しゃくそん》は輪廻をお説きにならなかった」と説く人が少なくないのは、そのためです。

しかし、追善供養《ついぜんくよう》などの実践は、伝統的な考えに基づくものです。「初七日《しょなのか》」や「四十九日《しじゅうくにち》」といった名称は、人が死んで直ちに生まれ変わるのではなく、七週間以内に他のものに生まれ変わる（胎生の場合は受胎）という考えに基づいています。ヨーロッパの仏教理解を取り入れることで、実践と説明の乖離《かいり》がおこってしまっているのです。

近代的理解とは異なる発想に立つ空海の教えは、なかなか理解されず、密教は一神教と比べ、呪術的な低い段階の教えと見られたりもしました。司馬遼太郎の『空海の風景』は、多くの読者の目を空海に向けさせ、その意味では大きな功績がありますが、仏教理解については、残念なことに、近代的な立場に立っています。

鎌倉時代の親鸞《しんらん》（一一七三〜一二六三）や道元《どうげん》（一二〇〇〜一二五三）について、鎌倉「新」仏教と呼び、易しい教えで民衆に仏教を広めた、と説明されることがあります。これは彼らをルターやカルヴァンのようなキリスト教の宗教改革者に重ねた説明で、実際とは違っています。

親鸞は、自分の教えを易行難信《いぎようなんしん》――阿弥陀《あみだ》仏が自分を救うことに疑いがなくなればいいだけで、何かやらなければならないということはないので、そういう意味では「易行」だが、これほどむつかしいことはない、と述べています。親鸞は関東地方で教えを説き、晩年、京都に戻りましたが、京都から関東の門人たちに宛てた、自分の教えを誤解しているといった内容の手紙が何通も残っています。

道元は中国で坐禅を学んで日本に戻り、当初、広く教えを説こうとしたのですが、うまくいかず、越前《えちぜん》国（福井県）の山の中（現在の永平寺《えいへいじ》）で少数精鋭の厳しい指導をおこない、教えを受け継ぐ後継者の育成を目指しました。

彼らは伝統的な仏教理解に基づいて教えを説いたのであり、当然のことですが、十九世紀のヨーロッパ人がどのような仏教理解をするかを知りません。仏教は物の捉え方に苦しみの原因を見る教えですから、高度な仏教理解であればあるほど、私たちの実感に反し、正しく理解することがむつかしくなります。

彼らが本当は何を言おうとしたのかを理解するためには、伝統的な仏教理解を踏まえる必要があります。

ナーランダー僧院跡（インド）

†空海の教えに伝統的仏教を学ぶ

　では、伝統的には仏教はどのようにして学ばれてきたのでしょうか？　相手に合わせて異なる教えを説く仏教は、医学的な発想の教えといわれています。教えは薬のようなもので、症状に合ったものを飲まなければ、正しい効果は得られません。ちょうど医者が大学の医学部で医学を学ぶように、寺院に付属の学習機関が設けられ、僧侶はそこで倶舎《くしゃ》、唯識《ゆいしき》、中観《ちゅうがん》など、異なる視点から教えを理論化したものを学び、その相互関係を理解する形で、仏教を学習していました。

　これはインドにあったナーランダー僧院

の学習法に由来するといわれるものです。『西遊記《さいゆうき》』の三蔵法師《さんぞうほうし》のモデルである玄奘《げんじよう》三蔵（六〇二～六六四）がシルクロードを通ってこのナーランダー僧院に留学し、その学習法を学んで中国に伝え、中国からさらに日本に伝わりました。日本から中国に渡った留学僧のなかには、直接、玄奘三蔵から教えを受けた者もいます。チベットでは今でもこの学習法が受け継がれています。

この学習法の最大の問題は、時間がかかることです。複数の異なる観点からの理論を学び、その相互関係を理解するというのは、言ってみれば、複数の平面図から立体像を思い描くような作業で、学習には十数年～二十年を必要とします。

前近代においても、僧侶のすべてがこのような学習をおこなっていた訳ではなく、指導的な立場の僧や、意欲のある僧に限ってのことだったと思われます。

在家についていえば、医学でいえば患者に相当する存在で、医学を理解していないと薬を飲むことができない、ということはありません。医師にあたる僧侶を信頼し、その教えに従う、ということだったと思います。

しかし、長い年月をかけなくても、伝統的な仏教理解の全体像を知る方法があります。それが、空海の十住心です。

弘法大師《こうぼうだいし》空海（七七四〜八三五）は、中国（唐《とう》）に渡り、体系的な密教を日本にもたらしました。大師号は朝廷から高僧に贈られる諡号《しごう》（おくりな）ですが、「お大師《だいし》さま」といえば空海を指すくらい、日本人の間に広く浸透し、尊敬されています。

主著の『十住心論《じゅうじゅうしんろん》』『秘蔵宝鑰《ひぞうほうやく》』は、淳和《じゅんな》天皇が出した、仏教の各宗派それぞれに宗義《しゅうぎ》を差し出すようにとの勅命《ちょくめい》に応えて書かれたものです。

最初に書いた『十住心論』が長すぎたために、後で略本として『秘蔵宝鑰』が書かれたともいわれますが、内容を見ると、『秘蔵宝鑰』には、仏教を国家が保護するのは、税金の無駄づかいだとする儒教官人に対して仏教僧が必要性を説くなど、『十住心論』にはない記述も含まれています。

仏教書の多くは、すでに仏教について一定程度知識のある僧侶に対して書かれたもので、外部の人間にとって理解することが容易ではありません。『秘蔵宝鑰』のほうが、天皇や官人など、僧侶以外が読むことをより強く意識した、空海による仏教の全体像の紹介ということができるでしょう。

『秘蔵宝鑰』では、普通なら十数年から二十年をかけて、ようやく理解できる仏教の全体像を、空海の理解に基づいて、一望のもとにすることができます。

空海の十住心を学ぶことは、空海の教えを知るだけでなく、現在、西洋社会で関心を持たれている、心のあり方に苦しみの原因を見、心を変えていくことによって苦しみをなくしていくという仏教の発想法と、そのなかで様々な教えがどのような位置を占め、どのように役割を果たしているのかを学ぶことにもつながります。

それは空海だけでなく、後の親鸞や道元の教えの前提となっているものを知ることでもあり、密教に限らず、広く仏教に関心のある人の役に立つでしょう。

†本書の構成

まず最初に、空海の伝記と、空海が登場する背景となった当時の日本の仏教の状況について、簡単に紹介します（第1章）。

そのうえで、伝統的な仏教理解の基本となっている、苦しみの原因とその解決法について、空海の教えに即して説明し、十住心の概略を紹介します（第2章）。

伝統的には教えは、他宗教と共通する教え（第一〜第三住心）と、仏教固有の教え（第四住心〜）に分類され、後者はさらに、私たちの物の見方を出発点とし、そこからの解放を目指す段階（第四〜第七住心）と、すでに瞑想中に空性を体験した者に現われる仏の世界（第八・第九住心）、言葉を超えた苦しみからの解放の境地を言葉を介さず直接師から弟子へと伝える教え（第十住心）に分類されます。第十住心が密教の教えで、それが秘密の教えとされるのは、その体験が教えの前提となっていて、それがないと言葉だけで正しく理解するのは不可能であるためです。

空海は、仏教固有の段階の分類を仏身論——仏の姿とその世界を三種類（法身《ほっしん》・報身《ほうじん》・変化身《へんげしん》）に分けることと関連させて説明しています。

第3章では、そのうち、私たちの物の見方に合わせた、他宗教と共通する段階を紹介します。

第4章では、倶舎（アビダルマ）や僧侶の戒律、唯識、中観（『般若心経《はんにゃしんぎょう》』の「色即是空《しきそくぜくう》、空即是色《くうそくぜしき》」の境地）などについて紹介します。伝統的には、これらは三乗《さんじょう》（声聞乗《しょうもんじょう》・独覚乗《どっかくじょう》・菩薩乗《ぼさつじょう》）の教えと呼ばれます。伝統的仏教理解でも誤解の多い仏性《ぶっしょう》（如来蔵《にょらいぞう》）についても、第七住心のところで、中観の空《くう》の教えとの関連で説明があります。

第5章では、『法華経《ほけきょう》』や『華厳経《けごんきょう》』の教えを紹介します。これらは伝統的には一乗《いちじょう》の教えと呼ばれるもので、すでに瞑想中に空を体験した者に現われる仏の世界です。

第6章では密教を取り上げますが、これは言葉を超えた境地を師から示された体験（灌《かん》頂《じょう》）を前提とするもので、空海は『秘蔵宝鑰』のなかで、灌頂を受けていない者に解説することを禁止しています。そこで本章でもその具体的説明は避け、代わりに『十住心論』などで説かれている法身説法《ほっしんせっぽう》について言及します。

本書は基本的に、空海自身の説明の紹介なので、引用が多くなっています。そこで『秘蔵宝鑰』（現代語訳）の引用には上線を引き、地の文や他の引用との区別を明瞭にしました。『秘蔵宝鑰』には空海自身の文と典拠の『大日経』などの引用が含まれています。前者をですます調、後者をである調で訳し分けました。

『秘蔵宝鑰』のはじめの概論部分では、各住心の内容が短く詩の形でまとめられており、理解の役にたつので、それを各住心の説明の冒頭に掲げることにします。

『十住心論』と『秘蔵宝鑰』の違いのひとつとして、典拠として挙げられる『大日経《だいにちきょう》』の教えについて、『十住心論』では詳しい説明がなされているのに対して、『秘蔵宝鑰』では基本的に各住心の説明の最後で引用され、引用の内容についての解説は多くの場合省略されているということがあります。

詳しい説明は一見便利ですが、各住心の説明と引用の説明が並存し、かえって流れを見通すことがむつかしくなるということがあります。本書は『秘蔵宝鑰』の内容に即した紹介なので、弘法大師の判断に従って、『大日経』の引用については、現代語訳（本文の上部に罫線を付した引用）を示すだけにして、それ自体の解説は省略しようと思います。もしその内容に関心がある方は、巻末の文献紹介、なにより『十住心論』における弘法大師ご自身の註解を参考にしていただければ、と思います。

最後に全体のまとめとして、伝統的な仏教の発想法、道としての仏教という考え方を紹介して、本書を締めくくります（終章）。

第１章

空海の生涯
——山林修行者から密教の相承者へ

弘法大師坐像（万日大師）金剛峰寺蔵。

†修行を経て留学僧に

弘法大師空海（七七四〜八三五）は、四国の讃岐国《さぬき》（香川県）多度郡《たど》、現在の善通寺市に生まれました。幼名は佐伯真魚《さえきまお》とされていますが、これは後代の資料にのみ見えるものです。幼少から知恵があり、一族の期待を背負って平城京に上り、母方の舅にあたる阿刀大足《あとのおおたり》のもとで論語や孝経を学び、大学寮に入りました。しかし、世俗の出世の道を捨て、仏教の修行の道に入りました。若い頃の空海の考えは、放蕩息子を儒教・道教・仏教の三人の師が諫《いさ》める『三教指帰《さんごうしいき》』（や自筆本『聾瞽指帰《ろうこ》』）にうかがうことができます。

詳細な足取りはわかりませんが、四国の石鎚山《いしづち》や大瀧岳《だいりゅうだけ》、室戸岬《むろと》などで修行を重ね、あらゆる経典を暗記できるようになる虚空蔵求聞持法《こくうぞうぐもんじほう》に打ち込んだことが『三教指帰』の序文に記されています。四国八十八ヶ所は、若き日の空海が修行したと伝える場所をめぐるものです。

延暦《えんりやく》二十三年（八〇四）留学僧の一人として、二十年間の留学という条件で遣唐使《けんとうし》船で唐に渡りました。おなじ時に唐に渡った僧のひとりに、後に天台宗を開く最澄《さいちょう》（七六七〜八二二）がいました。最澄は天皇のための祈禱をおこなう十禅師の一人に任命されてお

空海が乗った遣唐使船（『弘法大師行状絵詞』より。東寺蔵）

り、すでに名声を確立した存在でした。

　空海の乗った船は嵐にあって南の福州《ふくしゅう》に漂着し、都の長安《ちょうあん》に入ったのは、その年の暮れでした。空海はまずインド出身の般若《はんにゃ》三蔵に師事し、後に密教僧として名高い青龍寺《せいりゅうじ》の恵果《けいか》阿《あ》闍梨《じゃり》（七四六〜八〇五）を訪ねます。

　密教は当時の中国で最新流行の教えで、恵果やその師である不《ふ》空金剛《くうこんごう》（七〇五〜七七四）は、皇帝から加持祈禱《かじきとう》の力を期待され、信任を得ていました。恵果の許には中国や朝鮮半島から、千人を超える弟子が集まっていたといわれます。

　空海を一目見た恵果は、微笑《ほほえ》んで「お前が来るのをずっと待っていた。自分の命はまさに尽きようとしているが、教えを伝えるべき者がいない。急いで灌頂壇に入りなさい」と告げたと言います。そして実際に、大勢の弟子をさしおいて空海に胎蔵界《たいぞうかい》と金剛界《こんごうかい》の学法《がくほう》灌頂を授けました。灌頂の際、投華《とうけ》得仏《とくぶつ》といって、目隠しをして曼荼羅《マンダラ》に華を投じて、自分に縁のある仏を知りますが、空海の投じた華は二度とも、中央の大日如来のところに落ち、恵果が感嘆したと伝えられます。

さらに恵果は空海に伝法《でんぽう》灌頂を授けて、自らの後継者としました。その時与えられたのが遍照金剛《へんじようこんごう》の法名《ほうみよう》で、これは後世、弘法大師に対して祈る宝号《ほうごう》（南無《なむ》大師《だいし》遍照金剛《へんじようこんごう》）となっています。恵果は、はやく東の国に帰ってこの教えを広めるように言い、代々の阿闍梨が受け継いできた法具その他を空海に託し、まもなく亡くなってしまいます。

これは後世の伝説などではなく、空海自身が書き記していることです（『請来目録《しようらいもくろく》』ほか）。灌頂は単なる儀式ではなく、言葉を超えたさとりの境地を直接師から弟子へと伝えるもので、受け継ぐためにはそれにふさわしい器量《きりよう》や師との深い縁を必要とします。

密教は、アジア各地に伝わった痕跡がありますが、現在体系的な教えが残っているのは日本とチベットのみです（ネパールにも国教だったヒンドゥー教のカースト制度のなかに阿闍梨のカーストが存在し、世襲制で教えが伝えられているが、明らかになっていない点が多い）。チベットでは、自分の弟子に奥義とされる教えを受け継ぐのにふさわしい器量の者がいない場合、ふさわしい者が現われるまで、他派の高僧に一時的に教えを預かってもらうことがおこなわれています。

恵果は中国人の弟子にも灌頂を授けましたが、結局、その流れは中国では絶えてしまいました。現在、中国密教といわれているものは、恵果阿闍梨の流れではなく、明や清の時代にチベットから伝わったものです。それに対して、日本では真言宗として法灯が脈々と伝えられており、恵果が空海を一目見て、法を受け継ぐべき者と見抜いたということが、本当の話であることを証明しています。

†最澄との交流と訣別

空海は大同《だいどう》元年（八〇六）、九州に帰国しますが、しばらく都に戻っていません。この理由は明らかではありませんが、二十年という条件で留学して、数年で戻ってきたことが問題とされたのでは、と推測されています。

伝統的には仏教の学習には十数年〜二十年が必要とされており、そのことから考えて二十年という留学期間は妥当なものです。教えの言葉は「月を指《さ》す指」といわれ、それを手がかりに月（苦しみからの解放の境地）を見つける必要があります。理解に長い時間がかかるのは、様々な異なる角度から月を指している指を、整合的に理解することが困難なためで、自分が月そのものを見てしまえば、一つ一つの指について長時間考えなくても、それがどのように月を指しているのか、たちどころにわかります。

唐に渡る前の著作である『三教指帰』で空海は、自己を仮託した仏教修行者の仮名乞児《かめいこつじ》に、仏教の途は様々に錯綜しており、どこへ進むべきかを知ることすら容易ではないと語らせていました。それに対して帰国後の『十住心論』や『秘蔵宝鑰』において、様々な教えが明快に階梯化されているのを見るならば、空海が中国で実際に月を見、それによって二十年間の学習が不要になったことを疑う人はいないでしょう。

空海がしばらく都に上らなかった間に、思わぬ事態がおこります。ひと足早く帰国した最澄がもたらした教えのなかに密教が含まれており、日本の朝廷がその験力《げんりき》に注目したのです。しかし、最澄の学習の中心は、中国の天台山《てんだいさん》の教えで、密教は空海の受け継いだそれと比べると、傍系で、部分的なものでした。

空海が九州から書き送った、自分が学んできた教えや持ち帰った法具などの目録（『請来目録』）を見て、その価値とそれが自分にないことをたちどころに理解したのは、最澄その人でしょう。現在残っている『請来目録』は、最澄が筆写したものです。

高野山の中心となる壇上伽藍

最澄は、驚くべき行動にでます。空海が都に戻り、高雄山寺《たかおさんじ》（現在の神護寺《じんごじ》）で灌頂を授けた際に、弟子として、空海から灌頂を受けたのです。その時の空海自筆の入壇者名簿が、国宝として残っています。

空海と最澄の交流はしばらく続きましたが、最澄が南都の僧侶たちと論争を繰り返し、天台宗を確立しようと奮闘するなかで、二人の関係は絶えてしまいます。従来は、最澄が密教の教えである『理趣経《りしゆきよう》』の註釈書の借用を求め、空海が断ったこと（断りの書簡が残っている）や、最澄が空海の教えを学ばせるために遣わした弟子の泰範《たいはん》が最澄から離れて空海の弟子となったことが原因とされてきましたが、近年は異説もでています。

加藤精一『空海入門』は、最澄が『依憑《えひょう》天台集』を著わして、他宗派の教えを剽窃《ひょうせつ》したものだとして、不空らを貶《おとし》めたことを原因と推測しています。不空は最澄が貸借を申し出た理趣釈経の訳者で、恵果の密教の師に当たる人です。師から弟子にさとりの境地を受け継ぐ密教においては、法脈の師に当たる存在に対する批判はあってはならないことで、それが袂《たもと》を分かった原因だというのです。自身も密教の法灯《ほうとう》を受け継ぐ人ならではの捉え方だと思います。

空海は修行道場とするために高野山《こうやさん》の下賜を願い、許されます。そのほかにも文章論『文鏡秘府論《ぶんきょうひふろん》』の執筆、灌漑用水のための讃岐国（香川県）満濃池《まんのう》の改修、東寺《とうじ》を与えられて京都における密教の拠点とすること、あらゆる階層に門戸を開いた総合大学である綜《しゅ》芸種智院《げいしゅちいん》の開設など、八面六臂《はちめんろっぴ》の活躍を続けます。

天皇の命により『十住心論』および『秘蔵宝鑰』を書き上げた後、病を理由に都を去ることを願いますが、許されませんでした。天長九年（八三二）には高野山で万灯会《まんどうえ》をはじめ、有名な「虚空《こくう》尽き、衆生《しゅじょう》尽き、涅槃《ねはん》尽きなば、我が願いも尽きなん」という願文を書き記しています。翌年は東寺の真言院で『法華経』と『般若心経秘鍵《ひけん》』を講じ、年末には

弘法大師に捧げる食事

毎年正月に宮中で後七日御修法《ごしちにちみしゅほう》をおこなうことを願い出て許され、翌年からはじめます。そのようにして真言宗が受け継がれていく基盤を整えたあと、承和二年（八三五）に高野山で入滅《にゅうめつ》します。

延喜二一年（九二一）には醍醐《だいご》天皇から弘法大師の大師号が贈られています。

高野山では入定《にゅうじょう》信仰——高野山は釈尊の次にこの世に現われて仏陀となる弥勒《みろく》菩薩が教えを説く場所であり、空海はそれを待って生きて瞑想の境地に留まっているという信仰があり、今でも高野山では毎日二度、奥の院に食事を捧げることがおこなわれています。

†日本に伝わった頃の仏教の実態

空海は高野山、最澄は比叡山《ひえいざん》と、平安仏教の二人の巨人は、いずれも山を修行の拠点としていました。これは二人がともに山林修行者の出身であることに由来しています。

仏教が日本に伝わった当時の状況は、日本最古の仏教説話集『日本霊異記《にほんりょういき》』からうかがうことができます。『日本霊異記』は空海や最澄とほぼ同時代の奈良薬師寺の僧景戒《けいかい》の編になるもので、日本でおきた因果応報《いんがおうほう》の不思議な出来事を集めたものです。

かつての研究では、国の歴史書である『日本書紀《にほんしょき》』や『続日本紀《しょくにほんぎ》』などが第一級の資料とされ、説話集である『日本霊異記』は資料的価値の劣るものと見られていました。しかし、発掘調査が進むことなどによって、『日本霊異記』に当時の仏教の実態が反映されていることが徐々に理解されるようになってきました。

当時、仏教に対する国家統制がおこなわれ、正式の戒律を受けて比丘になるための戒壇《かいだん》が設けられたのは、東大寺、観世音寺《かんぜおんじ》、下野《しもつけ》薬師寺の三寺のみで、その数も定められていました。しかし、実際には正式な戒を受けずに僧となる私度僧《しどそう》が少なくありませんでした。

奈良時代に僧行基《ぎょうき》が私度僧を率いて各地で港の修築や架橋をおこない、何度か弾圧を受けたものの、聖武《しょうむ》天皇の東大寺大仏造営に協力し、大僧正《だいそうじょう》に任ぜられたことは、学校の教科書にも載っており、よく知られています。

上　僧道登が架けた宇治橋（京都府宇治市）
下　行基が築いた土塔（大阪府堺市）

『日本霊異記』を見ると、それは行基に限ったことではなく、なぜそのようなことがおこなわれたかもわかります。

僧に架橋や築港が可能なのは、寺院建設のための高度な土木技術を持っていたからです。当時はまだ庶民は竪穴住居で暮らしていました。空海も、出身の讃岐国（香川県）の満濃池の修築をおこなっています。

それは、単に旅人の便宜をはかるためだけでなく、そこを拠点として、旅行く人に仏教の教えが説かれました。そこで旅人が接したのが、因果応報――いい事をすればいい報い、悪いことをすれば悪い報いが来る。だから悪いことを望まずいいことを望むのであれば、悪いことはせずにいいことをおこなう必要がある、という教えでした。

仏教が伝わる前の神信仰は、民俗学者の推測によれば、秋田県のナマハゲなどに面影を残す、恐ろしい力のある存在を、人間の世界の外から迎え入れ、もてなし、また送り返すものでした。彼らは恐れられると同時に、その力が期待されてもいました。

しかし、そのような信仰の多くは、その土地と結びついており、旅に出るということは、そのような信仰の場から遠く離れ、恐ろしい神々の巣くう自然の中に踏み入ることでした。頼るべきものを見失った人々にとって、いい事をすればいい結果が得られる、悪いことをすれば悪い結果がもたらされる、という新しい教えは、特定の場所に関わらない新しい教えとして、心のよりどころになったと思われます（義江彰夫『神仏習合』）。

旅人に対して教えを説くだけでなく、自身も旅をして修行し、恐ろしい神々の世界と考えられていた山々を、仏教修行の場として開く僧が現われました。箱根などを開いた満願《まんがん》や、日光を開いた勝道《しょうどう》の名が知られています。石鎚山は、『日本霊異記』に浄行の人のみが登ることができると書かれていますが、空海は若き日にその石鎚山で修行をおこなったことを記しています。

彼らの多くは、禅師《ぜんじ》と呼ばれ、その修行によって得られた力が期待されていました。『日本霊異記』を見ると、彼らがおこなっていたのは、『法華経』の持経《じきょう》や、陀羅尼《だらに》を唱えるなどの雑密《ぞうみつ》、唯識《ゆいしき》系の止観《しかん》の行などだったと思われます。最澄や空海もそのような山林修行者の出身で、最澄は唐に渡る前、十禅師のひとりに任ぜられていました。

彼らは次第に土地の信仰にも関わるようになり、神や死者のまつりの担い手となって、仏教は土地土地に根づいていきました。

僧が神のために読経《どきょう》をおこなうことは、明治維新の際の神仏分離まで、神をまつる一般的なあり方になりました。

死者のために読経をおこなうことは、現在に至るまで、死者をまつるもっとも一般的なあり方です。

お盆《ぼん》は仏教行事とされていますが、人は死ぬと何かに生まれ変わるという輪廻の考えと、死者の霊が毎年帰ってくるというお盆の行事は食い違っており、民俗学者の柳田国男《やなぎたくにお》は、仏教が伝わる以前から存在した死者のまつりを仏教が取り込んだものと考えています

（『先祖の話』）。

考古学の知見では、古代の豪族の墓である古墳が作られなくなる頃に、その場所に仏教寺院が建てられており、豪族の死者のまつりが古墳を作ることから仏教式に変わっていったことを示唆しています。

山林修行者たちは、体系的な密教がもたらされた後、修験道《しゅげんどう》として組織され、明治維新の際に禁止されるまで、大きな影響力をもっていました。

第 2 章

伝統的仏教理解へ
——空海の教えに即して

インド・ブッダガヤの大菩提寺。
釈尊がさとりを開いた聖地であり、世界各地の仏教徒が集まる。

†苦しみの真の原因

では次に、伝統的な仏教理解の基本である、苦しみの原因とその解決法について、空海の教えに即して説明していきましょう。

三界《さんがい》の狂人は狂せることを知らず、四生《ししょう》の盲者は盲なることを識《さと》らず。生まれ生まれ生まれ生まれて、生の始めに暗く、死に死に死に死んで、死の終わりに冥《く》らし。

『秘蔵宝鑰』冒頭の詩の中で説かれている、空海の有名な言葉です。三界（欲界《よくかい》・色界《しきかい》・無色界《むしきかい》）は輪廻の世界のことで、四生は、そこの生き物を生まれ方によって四種類に分類したものです（胎生《たいしょう》・卵生《らんしょう》・湿生《しっしょう》・化生《けしょう》）。

ここで、精神に異常をきたしているのに、それに気づいていない狂人、自分の目が見えていないことに気づいていない盲人にたとえられているのは、誰のことでしょうか？

それは、輪廻のなかをさまよう私たちです。私たちは、誰もが幸せを望んでいます。苦しみを望むものは誰一人いません。しかし、本当の苦しみの原因を知らないため、幸せを望んでかえって苦しみに陥っている、それが仏教の捉える私たちの姿です。

仏教が考える苦しみの真の原因は、我執、すなわち実体視にあります。私たちの心に、欲しいもの／嫌なものはありありと映っており、私たちはそれを手に入れ／排除しようとします。しかしそれらは、心にありありと映ってはいますが、それを欲しいもの／嫌なものと捉えているのは、私たちです。

もしそれが本当に実体なら、それは誰にとっても欲しいもの／嫌なものでなければなりませんし、常に欲しいもの／嫌なものでなければなりません。しかし、食べ物を考えればわかるように、ある人にとっておいしいものが、他の人にとってはまずいものです。おなかがすいたときにはご馳走に映っていたものが、おなかが一杯になったら、もう見るのもうんざり、ということもあります。

私たちの心は、自分が捉えたものを認識するため、私たちの心には、欲しいもの／嫌なものはありありと映っていますが、それは実体ではないのです。それを手に入れよう／排除しようとしても、手に入れることができない／なくすことができないことで、苦しみが逆に増えてしまううえ、思い通りになったとしても、その満足は一時的で、私たちの心は別のものを新たに欲しいもの／嫌なものと捉えてしまいます。

病気の人の目には、実際には存在しない空の華《はな》のようなものが映り、甲羅に苔が生えている亀を見て、亀には毛があると心を迷わせて、実体的な「私」に執着し、無明《むみょう》の酒に酔ってとらわれてしまいます。彼らは、喉の渇いた鹿や野生の馬のように、迷える世界を走り回り、発情期の象や跳《は》ね回る猿のように、欲望の趣くままに従っているのです。

その結果、殺生《せっしょう》・偸盗《ちゅうとう》・邪淫《じゃいん》・妄語《もうご》（嘘）・綺語《きご》（無駄話）・悪口《あっく》（荒々しい言葉）・両《りょう》舌《ぜつ》（二枚舌）・貪欲（貪《むさぼ》り）・瞋恚《しんい》（瞋《いか》り）・邪見《じゃけん》といった十悪が心地よくなって日夜つくり、逆に布施《ふせ》・持戒《じかい》・忍辱《にんにく》・精進《しょうじん》・禅定《ぜんじょう》・智慧《ちえ》といった仏教の六波羅蜜《ろくはらみつ》は耳に逆らい、心に入らないようになるのです。

そうやって他人をそしり、仏法をそしり、さとりの種を焼いてしまうことを何とも思いません。酒にふけり、色にふけって、来世その報いがあることに気づいていないのです。

そうやって欲しいものを追いかけ続けても、心は常にまた別のものを「欲しいもの」と捉えますから、それに終わりが来ることはありません。

西洋で仏教への関心が高まってきたのは、欲望を満たすために働き続けて、富や名声を獲得したとしても、それで真の安らぎは得られず、逆に心はすさみ、どこまで行っても欲望の奴隷として働き続けるだけだということを実感する人が増えてきたためです。

十住心は、異生羝羊心《いしょうていようしん》、欲望のままに振舞う牡羊のような心から始まりますが、彼らが悪をなすのは、自分の心に欲しいもの／嫌なものがありありと映り、それを手に入れよう／排除しようとするこの心の認識のメカニズムに原因があります。

彼らは欲しければ他人のものを盗み、犯し、気に食わないやつは殴ったり殺したりしてしまいますが、そうやって彼らが望んだ幸せが手に入るかというと、満足したとしてもそれは一時的で、それによって得られるのは苦しみです。

†梵天勧請――言葉では伝えられない釈尊のさとり

仏教に様々な教えがあり、修行法があるのは、この、仏教の考える苦しみの真の原因と不可分です。実体視の反対が「空《くう》」ですが、実体視は観念ではなく、私たちの心が作り出すリアリティそのものなので、仏教徒になって空を信じるといっても、それだけでは何も変わりません。欲しいもの／嫌なものがありありと映っているのは私たちの心ですから、

釈尊がさとりを開いた金剛宝座（インド・ブッダガヤ）

たとえ仏陀であっても、他人がそれを変えてあげることはできず、自分でそれを変えるための訓練をするほかありません。それが修行です。

しかし、一人ひとりが修行するには、その人がその目的を納得していなければ、修行法があったとしても、誰もやらないでしょう。おまけに、欲しいもの／嫌なものは、多くの人にとって、疑うことのない現実ですから、それは間違いだから修行しろ、といきなり言われて従う人はまずいません。

仏教はインドで生まれ、中国・日本、チベット、東南アジアなど各地に広まっていますが、それらの伝統で共通する釈尊がさとりを開いた際のエピソードとして伝えるものに、梵天勧請《ぼんてんかんじょう》があります。

釈尊はインドの王国のひとつ（現在はネパール領）の王子として生まれ、王子の地位を捨てて修行の道に入って、最終的にブッダガヤの菩提樹《ぼだいじゅ》の木陰で瞑想してさとりを開き、苦しみから完全に解放された存在、仏陀《ブッダ》となりました。その際、私がさとった内容は他には理解できず、喜ばれないため、教えを説くのはやめておこうと考え、そこに、インドの神である梵天が現われて人々のために教えを説くことを願い、考えを改めて教えが説かれるようになったというのです。

教えが説かれることになっても、釈尊がさとったものが他人に理解できず、喜ばれないものであることには変わりありませんから、その教えは一律ではなく、相手に合わせたものになりました。

これが、伝統的な仏教の説明です。

†十住心とは何か

次に、インドや中国からの様々な仏教の教えを、十の心のあり方に合わせて体系化した「十住心」をまず概観してみましょう。

さとりを開いた慈父のような仏陀がそれを観て、どうして黙っていることができましょう。それゆえ、それぞれに合わせた薬を設けて、それぞれの迷いを指し示されたのです。

十住心は、大別すると、対象を実体視する私たちの心に合わせた段階（第一〜第三）と、仏教固有の段階（第四〜）に分けることができます。さらに後者は、それぞれの関心や理解の度合いに合わせて、実体視からの解放を目指す段階（第四〜第七）と、すでに空の境地を体験した者に現われる仏の世界（第八・第九）に分かれます。

言葉は対象を実体と捉える働きそのものに関わっているため、実体視から完全に解放された境地は、言葉で表わすことができません。それを言葉を介さずに直接示すのが第十の密教です。それまでの教えが言葉を用いて言葉を超えた境地に導く教え（顕教）であるのに対して、体験がなければ言葉だけで理解することはできないため、秘密の教え、密教とされます。

空海は、第一〜第九までの教えは、宝の蔵の周りを掃き清めるもので、宝の蔵を開けて中に入るための鍵が、第十の密教だとしています。『秘蔵宝鑰』の題名は、それに由来します（異なる解釈もあります）。

第一　異生羝羊心《いしょうていようしん》　欲望のままにふるまい悪をなす心です。しかしそうやって得られるのは、苦しみでしかありません。本人はそのことに気づいていないのです。

第二　愚童持斎心《ぐどうじさいしん》　しかし、そのような人も、何かのきっかけで、よいことをなすことがあります。それに慣れてくると、次第に心は変わり、以前とは違って、悪いことを見ると、嫌だ、という気持ちがおきるようになってきます。

世俗の善悪を守るのがこの段階で、中国でいうと、儒教の教えがこの段階に相当します。

第三　嬰童無畏心《ようどうむいしん》　そうやって、訓練することによって心が変わることを実感できるようになると、今よりもはるかにすばらしい天の神々の世界があると聞くと、修行してそこに生まれることを目指そう、という気持ちになります。中国では、道教がこの段階に相当します。

ここまでが私たちの実体視を前提とした、病気でいえば症状を和らげる段階になります。「異生」「愚童」「嬰童」は、仏教のいう凡夫《ぼんぷ》の別名です。凡夫とは、自分が捉えたものを実体として疑わない、「普通の人」のことです。

第四　唯蘊無我心《ゆいうんむがしん》　第四以降が、仏教固有の、病気でいえば根治を目指す段階です。そこでは苦しみの原因を断ち切ることによって、輪廻から解脱することが目指されます。

第四では、『倶舎論』にまとめられたアビダルマの教えに基づいて、私たちを構成する五蘊《ごうん》（色・受・想・行・識）は実体ですが、それによって構成された私は実体ではないと考えて、輪廻から解放された解脱の境地を目指します。

第五　抜業因種心《ばつごういんしゅしん》　十二支縁起《じゅうにしえんぎ》（無明～行～識～名色～六処～触～受～愛～取～有～生～老死）を観想することによって、無明を断ち切り、独覚仏《どっかく》の境地を目指します。十二支縁起は、無明が私たちの苦しみを生み出すさまを十二の段階で瞑想し、同様に無明を滅することによって以下も滅していくことを十二の段階で瞑想していくものです。

これは、釈尊が発見した苦しみと苦しみからの解放の法則であって、法則そのものは釈尊がそれをさとろうとさとるまいと存在するわけですから、何かのきっかけでそれをさとった者が、原因である無明を断ち切ることによって苦しみから解放されることがあります。それが独覚仏です。彼らは輪廻の苦しみからは抜け出しますが、言葉で教えを説くことはありません。

第六　他縁大乗心《たえんだいじようしん》　実体のように映っている対象はすべて心のなかの現われで、心のみが真実であると理解する唯識の心です。瞑想中に空を体験すると、瞑想後、自／他を区別する心が消え、自分の苦しみをなくすようにあらゆる生き物の苦しみをなくそうと思うようになります。そのことを理解して、自分だけが輪廻の苦しみを離れるのではなく、一切衆生を苦しみから解放する仏陀の境地を目指します。第六以降が大乗の教えになります。

第七　覚心不生心《かくしんふしようしん》　これまでの教えでは、人々の関心や理解に合わせ、それぞれ、輪廻からの解脱（第四）や独覚仏（第五）、仏陀の境地（第六）が目標とされていましたが、苦しみの真の原因は実体視ですから、苦しみからの解放とは、それまでの間違った捉え方がなくなることで、輪廻の外に目指す解放の境地が本当にあるわけではありません。それを理解したのが煩悩即菩提、「色即是空、空即是色」（『般若心経』）の境地です。

目標を目指すことから、その境地を生きることへ、第七住心は仏教の実践において大きな転換点となります。

第八　一道無為心《いちどうむいしん》　ここからはすでに空を体験した、聖者である菩薩の実践になります。私たち凡夫は、自分が捉えた世界をリアルに感じていますから、人間に見えるのは人間の世界だけです。そのような捉え方から解放された時に現われてくるのが、仏の世界、浄土です。

『法華経《ほけきよう》』では、釈尊が額から光を放って他の世界を照らし出す、宝塔が地面から出現する等、まるで映画のSFXのようなシーンが展開しますが、これは今の私たちの捉え方から解放された時に現われてくる世界です。

第九　極無自性心《ごくむじしようしん》　『華厳経《けごんきよう》』の世界が描かれています。『華厳経』は初転法輪《しよてんぼうりん》（最初の教え）の前、釈尊がブッダガヤでさとりを開いた時のさまを描いた経典です。瞑想中の釈尊（ここでは盧遮那《ルシヤナ》仏と呼ばれています）の周りに、仏陀が出現したことを聞きつけた菩薩たちが様々な世界から集まり、そのなかの一人の菩薩が仏力をうけて、仏陀に代わって教えを説く、という内容です。

第十　秘密荘厳心《ひみつしようごんしん》　これまでの教えが、言葉を用いて、言葉を超えた境地に導くものだったのに対して、密教は言葉を超えた境地を直接、師から弟子へと伝える点に特色があります。それが密教の灌頂です。

東大寺大仏（『華厳経』に基づき、さとりを開いた報身の姿をあらわす）

†仏身と仏の世界

仏教では、仏の体とその世界を三種類に分類します（さらに細かく分ける場合もあります）。

法身《ほっしん》とは、仏陀のさとった形のない真理そのものを言います。

報身《ほうじん》は、受用《じゅよう》身ともいいますが、修行の結果得られた、形ある姿です。仏陀は三十二相八十《さんじゅうにそうはちじっ》種好《しゅごう》と呼ばれる、様々な身体的特徴をそなえているとされますが、それはこの報身のことです。報身は、実体視にとらわれている凡夫は目にすることができません。

化身《けしん》（変化身）は、衆生を救うために、それぞれに合わせて現われた姿です。釈尊は、伝統的理解では、化身の仏陀とされています。

以上は一般的な説明で、密教では、法身から報身・化身の姿が立ち現われるので、空海は別の所では、報身と化身も法身である、という言い方もしています。これについては、密教を扱う第十住心のところ（第6章）で取り上げます。

『秘蔵宝鑰』のみに存在する、憂国公子（儒教官人）と玄関法師との問答のなかで、法師は教えの分類について、この仏身の区分と結び付けて論じています。『秘蔵宝鑰』では典拠について触れていませんが、『分別聖位経《ぶんべつしょうい》』（不空訳）に基づいた説です。この問答は第四住心の途中に挟みこまれており、ここで論じられているのは、第四以降の仏教固有の段階です。

公子が問うて「……人と法にどれくらいの種類がありますか。また、深い・浅いがありますか。」

師が答えて「大きく分けて、二種類があります。ひとつは顕教で、ふたつめは密教です。顕教のなかにさらに二つがあり、それは一乗と三乗の別です。

一乗というのは如来の他受用身が、十地から初地《しょじ》の菩薩に対して現われた、報身が説かれた一乗の法です。

三乗とは、応化身である釈迦が、二乗（声聞乗・独覚乗）と初地に入る前の凡夫の菩薩たちに説いたところの経です。

密教は、自性《じしょう》法身の大毘盧《ビル》遮那《シャナ》如来が自眷属《けんぞく》とともに、自受法楽《じじゅほうらく》のために説いた法です。真言乗というのは、このことです。

これらの様々な教えは、それぞれの資質に合わせたもので、皆すぐれた薬です。その経典の教えに従って、菩薩は論を造り、人間の師は註釈を作ります。後世の仏教者たちは、この経にしたがって、それを読誦し、修行します。……」


三乗と一乗は、『法華経』で三車火宅のたとえで論じられているものです。長者の家が火事になりましたが、子供たちはそれに気づかず遊んでいます。長者は一計を案じ、子供たちに羊車《ようしゃ》・鹿車《ろくしゃ》・牛車《ごしゃ》を見せて誘い出し、出てきた子供たち全員に、大白牛車《だいびゃくごしゃ》を与えました。三車は衆生の資質に合わせて説かれた声聞乗（第四）・独覚乗（第五）・菩薩乗（第六～）の教えで、大白牛車は『法華経』が説く一乗の教えです。

三乗が、まだ実体視にとらわれている凡夫それぞれの関心に合わせて説かれた、輪廻を抜け出すことを目指す教えであるのに対して、一乗はすでに言葉を超えた境地を体験した菩薩たちに示される世界です。

『法華経』は、釈尊が、実はこれまでの教えはすべて方便であり、インドの王子として生まれ、出家して、ブッダガヤでさとりを開き、これから涅槃に入ることもすべて方便で、実際は遥か昔に仏陀となっていて（久遠実成《くおんじつじょう》）、このあとも霊鷲山《りようじゆせん》に留まり続けることを明かす、という内容の経典です。

『華厳経』では、さとりを開いた仏陀（報身）自身は瞑想中で、周りに集まった菩薩たちのなかで仏力を受けた菩薩が仏陀に代わって教えを説いていますが、空海は『法華経』の内容を、報身の仏陀である久遠実成の仏について、その化身である釈尊が語るもの、と理解しているようです。

密教の曼荼羅では、仏の周りを仏が取り巻いていますが、これは自分と対象を分ける思考から解放された仏陀の境地を象徴的に表わしています。それまでの教えが仏陀の境地に導くための教育的な教えであるのに対し、密教は仏陀が自分の境地そのものを自身である周囲の仏陀たちに説く、「自受法楽《じじゆほうらく》」の教えとされています。

法身が教えを説くかどうかについては、仏教の伝統のなかでも、様々な議論がありますが、空海の説く法身説法がいったいどういうものなのかについては、第十住心の内容のところで見ることにしましょう。

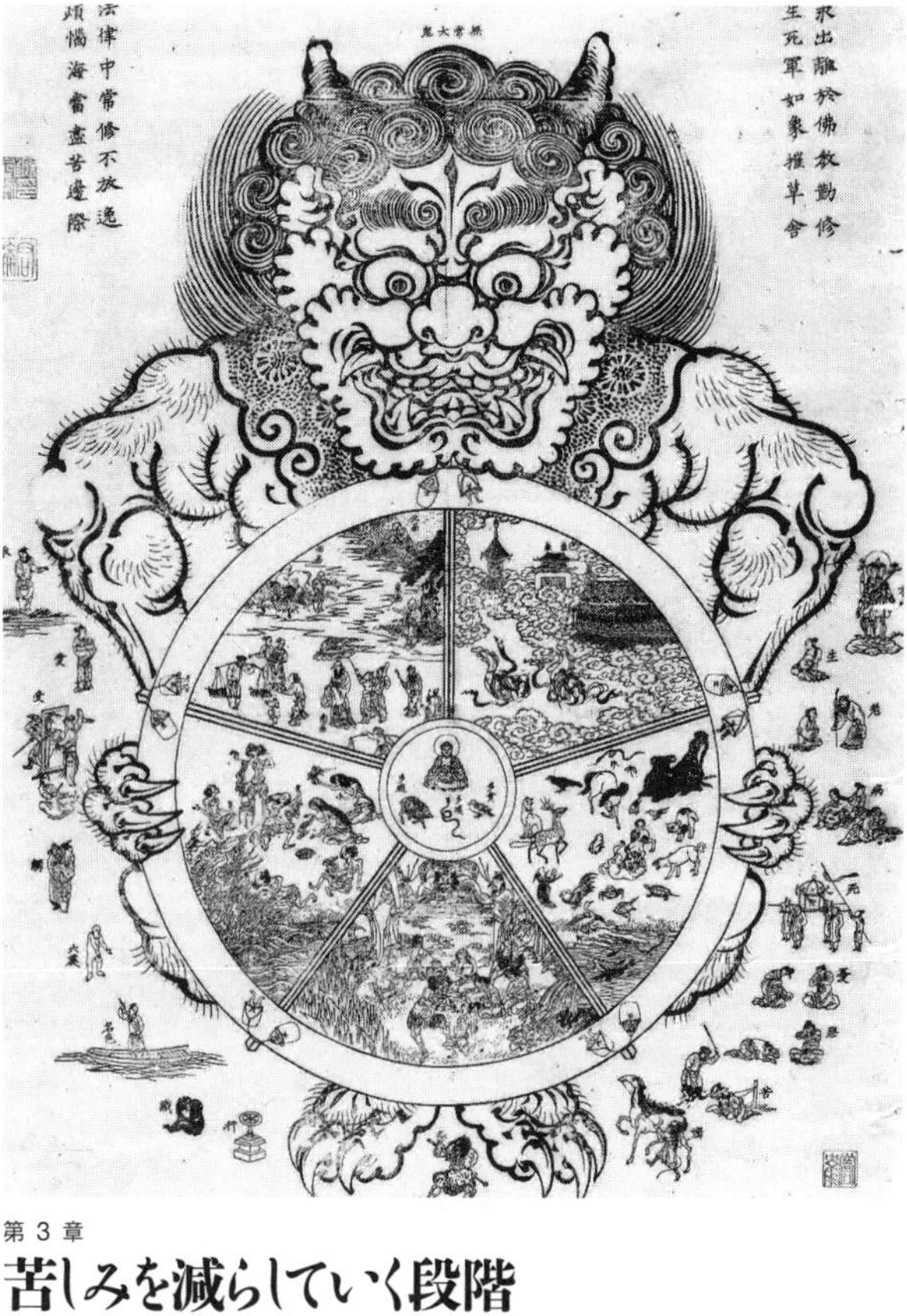

第 3 章

苦しみを減らしていく段階
——第一住心〜第三住心

五趣生死輪図(早稲田大学蔵)。
衆生が無常大鬼に抱かれて輪廻するさまを表わす。
戒律(根本説一切有部毘奈耶)の教えに基づく。

第一　異生羝羊心《いしょうていようしん》——欲望のままに振舞う心

以下の第3章から第6章までにわたって、十住心について詳しく解説していきます。まず本章では、私たちの物の見方に合わせた、苦しみを減らしていく段階として第一住心から第三住心までを見ていきましょう。

†欲望を追って得られるのは苦しみだけ

凡夫狂酔して、吾が非を悟らず。但し婬食《いんじき》を念《おも》うこと、彼の羝羊のごとし。（実体視にとらわれる凡夫は、狂い酔っているかのようで、自分の過ちに気づきません。自分の性欲や食欲を満たすことばかり考えているさまは、まるで牡羊のようです。）

私たちの眼には、欲しいもの／嫌なものがありありと映り、反射的に、それを手に入れたい／排除したいという気持ちが起こります。私たちは、欲しいものを手に入れること／

嫌なものを排除することで、幸せを手に入れ、苦しみをなくすことができると考えていますが、実際にはそうはなりません。それは、自分が捉えたものをリアルに感じる心のメカニズムに問題があるためですが、私たちの多くは、それに気づいていません。それが「凡夫」、普通の人です。

悪をなす人というのは、実はその欲しい／嫌だという気持ちに引きずられて、他を殺したり、盗みを働いたり、異性を犯したりして、その結果、反対に苦しみに陥っているのですが、視野があまりに狭いため、そのことに気づいていないのです。

彼らは一生、欲望の対象を追いかけ続けて、その結果として得られるのは、苦しみだけです。

今の日本では、研究者だけでなく僧侶のあいだでも、因果応報や輪廻は仏教本来の教えではない、釈尊は輪廻を説かなかったなどと説く人が少なくありませんが、それは、最初に述べた、他宗教と共通する内容を後代の混入と考え、取り除く、百数十年前のヨーロッパの研究に基づく考え方です。

――そもそも、私たちは生まれたいと思って生まれてくるわけではなく、死にたくないからといって死なないわけにはいきません。そうやって生まれ生まれて六道（天・修羅《しゅら》・人《にん》・畜生《ちくしょう》・餓鬼《がき》・地獄）を経巡《へめぐ》り、死んで死んで三悪趣（輪廻のなかの苦しみの世界。畜生・餓鬼・地獄）に陥ります。

私たちを生んでくれた父母も、私たちがどこから来たかを知りませんし、生まれてきた自分も、死んでどこに行くのかを知りません。過去を振り返ると、冥々《めいめい》と暗く、その始まりを見ることはできませんし、未来を見ると、漠々《ばくばく》として深く、その終わりを見ることはできません。

空に日・月・星は輝いていますが、生死に暗いことは、まるで狗《いぬ》の眼のようで、五嶽《ごがく》（中国の霊山）に足を載せているにもかかわらず、さまよっていることは、羊の目のようです。日夜、ひたすら食べ物や着る物といった日常生活の物を得ることに縛られ続けて、牢獄のような生活を送り、名誉や利益を求めてあちこち走り回り、結局はその穴に落ちいってしまいます。

一生、生活に追われ続け、名声や利益を追いかけ続けても、では何が残るかというと、その労力に比べて、手元に残るものはわずかですし、それすらも、死ぬ時にはすべて手放さなければなりません。私たちの生活は、暗闇の中でさまよっているようなものです。もし、幸せを望むのであれば、それに見合った条件を整える必要があります。苦しみを望まないのであれば、苦しみを生み出す条件を作らないようにしなければなりません。

他人をだましたり、ひどい仕打ちをしておいて、その人から愛されたい、大切にされたい、と願うのは、無理な話です。しかし、私たちはあまりに近視眼的で、自分の眼の前のものがリアルに映っているため、それに反応して、どなったり、腹を立てたり、時によっては殴ったり、殺したりしてしまいます。それによって得られるのは、自分がおこなったことに見合った結果です。

仏教の説く十悪とは、殺すこと・盗みを働くこと・性的に淫らなことをすること、嘘をつくこと、荒々しい言葉をぶつけること・二枚舌をつかうこと・意味のない無駄話をすること・腹を立て憎むこと・欲望を抱いて執着すること・間違った考え（邪見）を持つことです。

仏教では、おこないを身《しん》・口《く》・意《い》――体でおこなう行為・言葉でおこなう行為・心でおこなう行為に分類します。

十悪のうち、最初の三つは、体でなす行為、次の四つは、言葉でなす行為です。それらは他人を傷つけ、苦しめるもので、その結果は自分に返ってきます。最後の三つは、心でなす行為で、直接他人を傷つけることはないかもしれませんが、その心が体や言葉の悪しき行為を引き起こします。

神や仏が定めた決まりだからやってはならない、というのではなく、それは自分自身にとっても苦しみを作るものだから、そのことに気づいてやめましょう、というのが仏教の考え方です。

†地獄は輪廻する世界の一つ

地獄も、神が裁きによって突き落とす、永遠の苦しみの世界ではありません。『秘蔵宝鑰』では、『十住心論』にはある、地獄や天界など、仏教の世界観の詳細な説明は省略されていますが、仏教の説く地獄のひとつに、等活《とうかつ》地獄と呼ばれるものがあります。そこに生まれた人は、目が合うと殺し始め、最後の一人が死んでしまうと、空から「活《い》きよ」という声が聞こえ、再び全員が生き返り、また目が合って……というのを果てしなく繰り返す、そういう地獄です。

人間の世界でも、目が合ったといって他人に腹を立てたり殴ったりし、満員電車で押されたといって相手を睨みつける人がいます。彼らにとって、自分の置かれた状況は腹立たしく、耐え難いものなのです。それが彼らのリアルです。

彼らは、人間の世界では避けられ、嫌われます。だれも彼らと親しくなりたいとは思いません。彼らは孤独です。では、同じ考えの人ばかりが集まったら、どうなるでしょう。目が合ったら殴るのは当然だよな、満員電車で押してくる奴は許せないよな、と意気投合して、同じ価値観の者同士、楽しく過ごすことができるかというと、そうはいきません。目が合った、押されたといって、殴り合い、殺し合います。それが、仏教の説く等活地獄です。

仏教の説く地獄というのは、他人と目が合うことが耐えられない、電車で押されることが耐えられない、という自分自身のリアリティが作り上げた世界で、私たちは自分でその牢獄を作り上げ、自分でそこに捕らわれてしまっているのです。

ある人にとってそれは耐えがたいことであっても、人と目が合ったり、満員電車で押されても、さほど腹を立てない人もいます。耐えがたいという人にとってみれば、信じがたいことかもしれませんが、実際にそういう人はいます。リアリティは、その人にとってのリアリティで、人によって「現実」は違います。受け止め方は人それぞれです。

ですから、等活地獄で殺し合うことを延々と繰り返している人も、もしそのリアリティから解放されれば、そこから離れることができます。仏教では地獄は輪廻する世界のひとつであって、永遠の苦しみの世界でも、神の裁きによって突き落とされる世界でもありません。

仏教でも、閻魔《エンマ》大王による裁きがあると説明することもありますが、その判決は、鏡に映ったその人の姿を見せることです。自分自身の行為に見合った状態、ある意味では、本人が望んだ結果が、人によっては地獄だったりするのです。

私たちの心に、いいもの／わるいものは、ありありと、リアルに映っています。動物にとって、選択の余地はほとんどありません。お腹をすかせた肉食動物は、自分の眼の前を獲物が通りかかれば、飛びかかって食べてしまいます。他の動物もそうします。弱肉強食が、畜生界の苦しみです。

しかし、人間には、他の選択もあります。眼の前に欲しいものがあったり、性的に魅力のある異性を見て欲望にかられたとしても、「いや待てよ」と思いとどまることができます。他人の物を盗んだり、望んでいない異性と無理やり性的な関係を結んだら、どうなるだろう、そもそも相手はどう思うか、それを考えることが人間にはできます。その結果がどうなるか、相手はどう思うかなど、より広い視野で自分の行動について考えることができるのです。

仏教の実践というのは、簡単にいえば、自分の行為をより広い視点から考え、その視点をどんどん広げていくことにあります。状況そのものを変えることは簡単ではありません。しかし、より広い視野で考えることができれば、意外な解決法があるかもしれませんし、少なくとも、今の状況がさほどたいしたものではない、耐え難いほどのものではない、と感じることができるようになります。

今の苦しみのなかでさまよう状態が、暗闇のなかにいることにたとえられるのは、このような理由です。

輪廻や因果応報というのは、迷信ではなく、自分のおこないをより広い視点から見るためのテクニックなのです。

†邪見とは何か

十住心の分類の典拠とされているのは、『大日経』住心品とその註釈書（『大日経疏《だいにちきょうしょ》』）です。空海は、各住心の最後にそれを引用しています。『秘蔵宝鑰』では、それに加えて、ナーガールジュナ（龍樹《りゅうじゅ》。真言宗では龍猛《りゅうみょう》という訳を用いる。191頁参照）の著とされる『菩提心論』なども、引用されています。これは菩提心を行願《ぎょうがん》・勝義《しょうぎ》・三摩地《サンマジ》という三つの面から実践的に説いた、密教行者としてのナーガールジュナの著作です。『秘蔵宝鑰』では第十住心のほぼすべてが、『菩提心論』の長文の引用からなっており、『菩提心論』については、第十住心のところで触れたいと思います。

秘密主よ、始まりのない生死を繰り返している愚童凡夫は、私という名と私のものに執着して、「私の……」「私の……」と無数の「私の」を分別している。秘密主よ、その人が自分の本性というものを見ることができなければ、「私」（我《が》）と「私のもの」（我《が》所《しょ》）が生じる。あるいは、邪見にとらわれる異教徒のように、究極の実体として「時」や「地などの変化」「瑜伽《ゆが》の我」、「建立《こんりゅう》の浄」と「不建立の無浄」、「声」と「非声」があると考える。秘密主よ、これらの実体視は、自分の捉え方に基づいて究極の実体があると考え、それを追い求めている。秘密主よ、このような愚童凡夫は、自分の欲望を満たすことだけを考えている性欲の強い牡羊（羝羊）のようなものである。（『大日経』住心品）

仏教では、十悪のひとつに間違った思想（邪見）を数えます。それは、究極の不変な実体というものを想定しては、その前では自分の善悪のおこないが意味を持たないものになってしまうということと、そのような思想自体が、対象をリアルに感じる私たちの捉え方と本質的に変わらないものである、という理由からです。空海は邪見の代表例として、いいことをやろうとわるいことをやろうと、死ねばすべては終わると考える「断見《だんけん》」（虚無論）と、何をやろうと、人間は常に人間で、動物は常に動物だと考える「常見《じょうけん》」（実在論）を挙げています。

空海から見れば、輪廻なんて迷信だ、死ねばすべては終わる、という現代人の考え方は、まさに邪見ということになってしまいますが、そうやって一生欲望を追求し続けて、それでは本当の幸せはいつまでたっても得られないと感じる人が西洋社会で増え、彼らが仏教に関心を寄せるようになってきていることは、すでに述べました。

第二　愚童持斎心《ぐどうじさいしん》――善をなし悪をなさない心

†きっかけがあれば人は変わりうる

外の因縁に由《よ》って、忽《たちま》ちに節食《せつじき》を思う。施心萌動《ほうどう》して、穀《こく》の縁に遇《あ》うが如し。(そういう人も何かのきっかけで、ふと食事を控えることを考えることがあります。そうやって他に食べ物を施そうという心が次第に成長していくのは、穀物が水や熱などの条件によって芽を出すようなものです。)

そのように欲望のままに振舞っている者も、何かのきっかけでよいこと、たとえば、自分が食べる量を控えて、それをお腹をすかせている他の人に分け与える、ということをおこなったりすることがあります。それを二度、三度、と繰り返し、それに慣れてくると、その人の考え方も次第に変わっていきます。空海は、次のように説いています。

そもそも、冬に葉を落として枯れ木のようになっている木も、ずっと葉が落ちた状態でいるのではありません。春になれば、葉が繁り、花が咲きます。硬くこおっている氷も、いつまでも氷の状態であるわけではありません。夏になれば、溶けて水になります。穀物やその芽は、芽吹くための湿り気を待っていて、時節がくれば、花が咲き、実がなります。

……物には定まった本質はありません。どうして人が常に悪であるでしょうか。何かの縁に出会えば、愚かだった者も大道を願うようになりますし、教えに従えば、凡夫も賢聖のようになりたいと思います。

欲望のままに振舞う牡羊のような第一住心の者にも、不変の本質があるわけではありません。実体視にとらわれる愚童のような凡夫も、本質的に愚かというわけではないのです。

それゆえ、一切衆生に本来そなわっている仏性が熟し、外の仏の光がさすことによって、なにかのきっかけで、食べることを控えて、それを他に施し、それをたびたびおこなうようになります。植物の種から芽が出て、疱《ほう》（葉がまだ開いていない状態）となり、葉をつけるように、善いおこないが続き、花が咲き、実がなります。そうすると、心が変わり、悪いおこないを見ると、熱湯に触れたようにそれを避け、善いおこないを見ると、自分はとても及ばない、と感じるようになります。

私たちの心に欲しいもの／嫌なものはありありと映っていますが、それをどこまで追いかけても、苦しみから解放されることはけっしてありません。欲しいもの／嫌なものはありありと映っていますが、それは実体ではなく、それを実体と捉える心のメカニズムに苦しみの真の原因を見るのが仏教だ、ということはすでに述べました。どこにも不変の実体はない、というのが仏教ですから、どんな悪人でも、変わらないということはなく、何かのきっかけがあれば人は変わりうる、というのが仏教の考えです。

悪いことばかりやっている人がいるのは、それが習慣になっているからです。健康に悪いとわかっていても、タバコやお酒をなかなかやめることができないのは、それが習慣になっているからで、それをやめるには、それと反対の習慣づけをおこなう必要があります。

仏教の修行は、そのためのものです。仏教は、教義を信じたり、それに従ったりする教えではありません。

私たちの多くにとって、よいことをおこなうのが億劫だったりするのは、それが十分習慣になっていないからであって、自覚的に習慣づけをおこなうようにすれば、次第に苦もなく自然によいことをおこなうことができるようになります。

†釈尊の前世物語――捨身飼虎

大乗仏教の実践である六波羅蜜《ろくはらみつ》（布施《ふせ》・持戒《じかい》・忍辱《にんにく》・精進《しょうじん》・禅定《ぜんじょう》・智慧《ちえ》）のもとになっているのは、釈尊の前世物語（ジャータカ）です。釈尊は、王子として生まれた生の修行だけで仏陀となったわけではなく、生まれ変わりを繰り返して他の生き物のために働き続け、仏陀の境地に至ったとされています。自分が成仏、仏陀になることを望むなら、釈尊が過去におこなったことを自分も実践する必要があります。

それはノルマではありません。伝統的な教えでは、六波羅蜜のうち、布施波羅蜜のもとになった話のひとつとして、釈尊が前世で、森で飢えて死にかけている母虎とまだ幼い子虎たちを見かけた時の話（捨身飼虎《しゃしんしこ》）を挙げます。これは、法隆寺の玉虫厨子《たまむしのずし》（国宝）にも描かれている、有名な物語です。

母虎はもう、お腹が減って動くことができません。しかし、そんな虎にわざわざ近づこ

捨身飼虎図（国宝玉虫厨子。法隆寺蔵）

うとする動物などいるわけがありません。しかし子虎たちは、まだ母虎の乳を飲む必要があります。母虎は、何も食べることができないので、近づいてくる自分の子虎を食べようとしています。子虎たちは、母親に近づいたら、食べられてしまいますし、近づかなければ、乳を飲むことはできず、やはり生きることはできません。近づいても、近づかなくても命はない、そのような状況に出くわして、前世の釈尊は胸が張り裂けそうになりました。王宮に戻れば食べ物はありますが、それをとって帰ってくる余裕はありません。

前世の釈尊は、そこで母虎に自分を食べさせ、母虎の命を救いました。食べるものが他にあれば、母虎も自分の子虎たちを食べる必要はありません。そうやって母虎と子虎たちの命を救い、王子は死んでしまいましたが、また生まれ変わって、他の生き物のために尽くした、そういう物語です。

他の五波羅蜜すべてに、同様の物語があります。中国・日本でナーガールジュナの著作として重視された『大智度論《だいちどろん》』の中にまとめられています。空海よりも少し後の時代になりますが、皇室出身の内親王のために源 為憲《みなもとのためのり》が仏教入門として作ったという『三宝絵《さんぼうえ》』にも、『大智度論』などに基づいて、六波羅蜜それぞれの元になった前世物語が描かれていました。残念なことに現在では絵は失われ、詞書のみが残っています。

釈尊が、そのように何度も生まれ変わりを繰り返して利他をなし、仏陀の境地に至ったということは、当時の仏教徒の基礎教養でした。現在は成仏、仏になるということが安直に言われますが、釈尊がそうやって仏陀になった以上、仏陀になるためには同じことをする必要がある、というのが当時の考えでした。

しかし、もし、これがノルマ、仏教徒としての義務だとしたら、だれも仏教の実践をして仏陀になろうとは思わないでしょう。ある人はとても自分には無理だと思い、ある人は馬鹿らしい話だと思い、ある人はそれを聞いて腹を立てるかもしれません。しかしそれは、私たちの心がまだそのようなおこないに慣れていないためです。

†瞑想による習慣づけと戒律

よいことも悪いことも慣れによる、これが仏教の考え方です。禅宗で、掃除も修行のうち、と言うのを聞いたことのある方もいらっしゃるかもしれません。それは禅寺に行ってそこの廊下を掃除すれば修行になる、ということではありません。どんなに熱心に坐禅をおこない、一日二時間、三時間と修行しても、もしそれが普段の生活とは切り離されたものであれば、効果は限定的です。坐っている時だけが修行なのではなく、その時体得した心の状態を二十四時間、何をする時も保ち続けることができるようにするのが、修行の要点なのです。

第一住心の段階では耳に入らなかった捨身飼虎のような物語も、心を慣らしていけば、すばらしいがとても自分にはできない、と感じるように変わっていきます。それが第二住心の段階です。それを自分が心からやりたいと思うようになるのは第六住心、実際にそれが実践できるようになるのは第八住心以降と、かなり先の話になります。

日本仏教は大乗の伝統だといいますが、利他は義務としておこなうものではありませんし、義務としてできるものでもありません。それは自分の幸せを捨てて他のために尽くす教えではなく、次第に心を訓練していって、他人の幸せを心から願い、それが実現した時に心の底から幸せを感じるようになってはじめて実践できるものなのです。

自分の体を与えるような実践は、「私」「私の身体」という思いがあるうちは、実践困難です。第七住心で「空」を実際に体験する段階に入りますが、その後が本格的な利他の実践、菩薩道となります。

仏教の瞑想の目的がこのように習慣性を作ることで、それによって実際に何を幸福に感じるかも変わってくる、というのは科学的に検証されていることです。西洋における仏教への関心の背景には、このような研究がおこなわれ、紹介されていることもあるでしょう（『なぜ人は破壊的な感情を持つのか』）。

なぜ、瞑想によって習慣づけをおこなうことで、実際に何を幸せと感じるかが変わるのかについては、まだ仮説の段階ですが、次のように考えられています。

人の脳の成長は子供の時点だけで、成年になったら脳細胞は減少するだけだ、と考えられていましたが、研究が進み、細胞そのものは増えなくても、その細胞間を結ぶニューロンは、大人になっても新たに形成されることがわかってきました。ピアノやヴァイオリンの演奏が、最初はぎこちなく、うまくいかなかったのが、繰り返し練習することによって、新たに細胞間をつなぐニューロンが形成され、なめらかで、自然にできるように変わっていきます。車の運転やキャベツの千切りも同様です。

感情によって脳のどの部分が活性化するかは、その感情によって違うのですが、瞑想によって反復することにより、新たなニューロンが形成され、他人が幸せになると幸福感を感じる脳を作ることが可能になる、これが現在の仮説です。

空海は、第二住心の説明で、仏教の在家の五戒と儒教の五常《ごじょう》（仁・義・礼・智・信）を同じものだと説いています。

この段階での戒律は、実体視を前提として、悪いことをやらないように誓いを立てるものですから、基本的に他宗教にも見られるものとなります。

仏教の戒律は、心の訓練のためのものですから、自分の意思で守ることを誓って、はじめて効力が生じる、とされています。もちろん、殺人や盗みは、誓いを立てても立てなくても悪ですが、僧侶の戒律における、食事は午前中だけ、などの二百以上の戒律の大半は、誓いを立てない人がおこなうことには問題がないとされているものです。戒律ひとつひとつに、なぜ釈尊がそういう規則を作ったのか、その元になったトラブルの話があります。

在家の五戒でいえば、不殺生・不偸盗・不邪淫・不妄語・不《ふ》飲酒《おんじゅ》のうち、最初の四つは性戒《しょうかい》、戒律を守る誓いを立てる・立てないにかかわらず、おこなえば悪となる行為をやらないようにすることです。最後の飲酒のみが、遮戒《しゃかい》、その行為自体は中立で、やらないと誓いを立ててそれを破った時点で罪とされるものです。

仏教の戒律のこのような性格は、仏教の実践の本質がよき習慣づけにあることと関係しています。比丘の戒律の性格やそれに基づく僧侶の生活のあり方については、第四住心で詳しく説明されています。

†土地の信仰との結びつきによる定着

仏教は実体視に苦しみの真の原因を見て、心の訓練によって物の見方を変えていくことによって苦しみからの解放を目指す教えですから、その基礎の部分は私たちの物の見方に合わせた、他宗教と共通するものとなります。仏教はインドで生まれ、中国や日本、チベットなど、各地に広まりましたが、それぞれの土地でその地の宗教と結びつくことによって、その地に根づきました。

日本で七福神の信仰は、今も盛んです。初夢を見るとき枕の下に七福神の乗る宝船の絵を入れたり、七福神詣でをおこなったことのある人もいらっしゃるでしょう。その七福神は、出身地の異なる神々で構成されています。弁財天《べんざいてん》や毘沙門天《びしゃもんてん》はインドの神々で、寿老人《じゅろうじん》や福禄寿《ふくろくじゅ》は中国の仙人です。恵比寿は日本の神様です。大黒は、その名の通り黒い顔をした恐ろしい顔のインドの神ですが、日本の大国主命《おおくにぬしのみこと》の「大国」を音読みすると「大黒《だいこく》」と同じになるため、大国主命の姿であらわされるようになりました。

これは、仏教がインドから中国を経て日本に伝播する過程で、土地土地の信仰と結びつくことによってその地に定着してきたことの結果です。

明治維新の際に神仏分離がおこなわれる以前の日本は、神仏習合でしたが、それはこのような仏教がその土地に根づく基本的なあり方と捉える必要があります。

近代の仏教研究では、それを仏教が日本に入って変質したものと見なし、仏教学ではなく、宗教学や民俗学の研究対象とされてきましたが、それは日本の仏教学が、様々な教えの存在を変質や混入によるものと考え、それらを取り除いてオリジナルの教義を見出そうとするヨーロッパの仏教研究に基づいたものであるためです。

空海は、さきに引用した箇所で、何かのきっかけでよき心が生じることを、外の仏陀の働きかけによって内なる仏陀が目覚めること、と説明しています（「本覚《ほんがく》内に薫《くん》じ、仏光外に射す」）。これは仏性のことです。仏教では、外の仏陀は相対的な仏陀で、究極の仏陀は内なる仏陀であると説きます。
仏性は理解することがむつかしいもので、仏教の伝統のなかでもたびたび誤解が生じました。「私たちは本来仏陀なのだから、修行をする必要はない」というのは、中国の禅宗のなかで生まれた誤解です。それは空海より後の時代のことですから、空海が仏性について言及する時は、その意味で用いてはいません。仏性については、第七住心のところでまた出てきますので、説明はそこですることにしましょう。

†在家の実践——八斎戒と放生

典拠である『大日経』には、次のように説かれています。

欲望のままに振舞っていた愚童凡夫に、ある時、ひとつの想いが生じることがある。それは一日食べることを控える持斎《じさい》である。その者はその一部を考え、喜びの心を発し、たびたび実践するようになる。秘密主《ひみつしゅ》よ、これが最初の種子としての善業の発生である。また、この施しを因として、寺に集まって僧侶に準じる戒を守る六斎日に、自分の父母や夫や妻、親戚に施しをするようになる、これが第二の芽の段階である。

また、この施しをもって、親しくない者に対しても与えるようになる、これが第三の疱（葉がまだ開いていない状態）の段階である。

また、この施しをもって、器量や徳の高い人に与えるようになる、これが第四の葉の段階である。

また、この施しをもって、喜んで、音楽や芸能を演じる人に与えたり、長老の僧に捧げるようになる、これが第五の花の段階である。

また、この施しをもって、他に対して親愛の心をおこして、それに供養をおこなうようになる、これが第六の実を結ぶ段階である。（『大日経』住心品）

この箇所の冒頭で引用した空海の言葉の、心の成長を植物にたとえる元になっているのがこの教えで、典拠である『大日経』の方では、種・芽・疱・葉・華・実のたとえがそれぞれ何に相当するかが、具体的に説かれていることがわかります。

ここで説かれている六斎日《ろくさいにち》は、今の日本では、行事の名称としては残っていても、ほとんどおこなわれていないものなので、ここで説明しておきます。仏教の戒律は、基本的に自分が守ると誓いをたてて効力を発揮するもので、在家《ざいけ》の仏教徒の戒律は五戒であることはすでに述べました。僧侶の戒律は二百以上もある膨大なものですが、それらすべてを実践することが不可能な在家の生活でも、日を決めて、寺に集まり、一昼夜、僧侶に準じた戒律を守る、ということがおこなわれていました。

それは、不殺生・不偸盗・不邪淫（在家においては、配偶者以外との性関係だが、ここでは僧侶に準じて性行為の禁止になる）・不妄語・不飲酒に加え、正午を過ぎたら食事をとらない、歌舞音曲を見ず、化粧や装飾品をつけることをしない、高いベッドで寝ない、の八つです（八斎戒《はっさいかい》）。

月に六回おこなわれていたため、六斎日と呼ばれます。

他に在家に勧められた実践として、放生《ほうじょう》があります。在家の場合、狩人や漁師はもちろん、田畑を耕す者も、地中の虫を殺したり、食事を作る際に生き物の命を奪わざるを得ません。その罪を贖《あがな》うため、殺されそうになっている生き物を買い取り、放してあげるのです。

日本のお寺の多くに池があり、放生池という名がついていたりするのは、本来は、この放生をおこなうためのものだったことを示しています。

日本最古の仏教説話集『日本霊異記』を見ると、八斎戒や放生が、当時、在家の実践として勧められ、おこなわれていたことがわかります。

これらは、東南アジアのテーラワーダや、中国系の仏教、チベット仏教では、現在も盛んにおこなわれています。

日本では、すっかり衰えてしまい、特に六斎日は、僧侶の戒律を守ることができない在家が寺に集まって一昼夜僧侶の戒律に準じたものを守るという趣旨のものですから、僧侶の妻帯が政府によって正式に認められた明治以降は、あまり現実味をもったものではなくなってしまいました。

第三　嬰童無畏心《ようどうむいしん》――天の神々の世界に生まれることを目指す心

†三界にまたがる天界

外道《げどう》天に生じて、暫《しばら》く蘇息《そそく》を得。彼の嬰児と犢子《とくし》との、母に随《したが》うが如し。（天の神々の世界に生まれることを目指す異教徒たちは、天に生まれて一時的な安らぎを得ます。それは乳幼児や子牛が、母親に守られているようなものです。）

このように実践によって心が変わることが実感できると、今よりすばらしい天の神々の世界があると聞くと、修行してそこに生まれたい、と願うようになります。仏教以外の教えでは、天の神々の世界を最高の境地とするものもありますが、それは永遠のものではなく、原因が尽きれば、他の世界に生まれ変わらざるを得ません。この段階を嬰童無畏心と呼ぶのは、その天の神々の境地における安らぎは、一時的で永遠なものではないためで、それを赤ん坊がお母さんに抱かれている時の安らぎにたとえています。

仏教では私たちの世界を、三界――欲界・色界・無色界に分類します。地獄・餓鬼・畜生・人間・修羅界は、欲界にあります。天界は、欲界と色界・無色界にまたがります。欲界の天は、欲望が満たされる世界で、四天王天《してんのう》・忉利天《とうり》・夜摩天《やま》・覩史多天《とした》・楽変化天《らくへんげ》・他化自在天《たけじざい》の六つです。

戦国時代の織田信長が「第六天の魔王」と称したという第六天は、欲界の一番上の、他化自在天のことです。

色界は、姿形はありますが、欲望はなく、瞑想の境地に留まる神々の世界です。四段階の瞑想の境地（四禅）に、さらに分かれた世界があります。初禅の梵衆天《ぼんしゅ》・梵輔天《ぼんほ》・大梵天《だいぼん》、第二禅の小光天・無量光天・極光浄天、第三禅の小浄天・無量浄天・遍浄天、第四禅の無雲天・福生天・広果天・無想天・無煩天・無熱天・善見天・善現天・色究竟天《しきくきょう》です。

無色界は、形すらなく、瞑想する心があるだけの世界で、空無遍処《くうむへんしょ》・識無遍処《しきむへんしょ》・無所有処《むしょうしょ》・非想非非想処《ひそうひひそうしょ》です。

『十住心論』では、ひとつひとつの海面からの高さや、そこの神々の寿命などが説かれていますが、『秘蔵宝鑰』では省略されています。

†天に生まれるための実践

『秘蔵宝鑰』では問答体で、なぜ仏教なのに仏陀の境地を目指す教えだけでなく、こういった神々の世界に生まれる教えが説かれるのかという質問が投げかけられ、それに対する答えとして、それぞれの資質や能力に合わせて教えがあり、天の世界に生まれることが相応しい者には、他の薬は役に立たないからだ、ということが説かれています。

そこに生まれるための実践は仏教に似ており、仏教が三宝（仏・法・僧）に帰依するように、インドの神話で世界の創造者とされる梵天などを覚宝とし、四ヴェーダ（リグ・ヴェーダ、サーマ・ヴェーダ、ヤジュル・ヴェーダ、アタルヴァ・ヴェーダ）を法宝、その修行者を僧宝として帰依します。

その実践としては、十不善をおこなわない十善などを戒律とし、色界定の初禅・第二禅・第三禅・第四禅を禅定とします。その禅定は、下の世界を苦で、粗く（麁《そ》）、障害があると考えて、上の世界を浄・妙・離と見なすこと（六行《ろくぎょう》）で得られます。他主空三昧（梵天などのみ実在で他は実在しないという境地）が得られ、不完全な空の智慧が得られます。『十住心論』では、詳しく、それぞれの天に生まれる実践が別々に説かれていますが、『秘蔵宝鑰』ではまとめて説かれています。大まかにいえば、十善をなすことによって生まれるのが欲界の天で、四禅や無色界定といった瞑想によって生まれるのが色界・無色界の天です。

空海は、この戒・定・慧の三学によって、上天の妙楽が得られると説いています。しかし、それは道を究めたものではないため、涅槃に至ることはできず、もっとも上の非想非非想処に上ったとしても、また地獄に落ちることにもなります。

ここでも空海は問答体で、欲望を離れて色界や無色界に生まれ、空三昧を経験して言語を絶した境地に至るのに、なぜ涅槃に至ることがないのかという問いを立て、それは有

（実在論）と無（虚無論）の辺に留まっているからだと答えています。

質問者は、さらに異教徒（外道）もこの世界は虚妄で、梵天などのみが真実だと考えるのだから、有でもなく無でもない境地では、と尋ね、それは因縁によって生じるがゆえに虚無論を離れ、空によって実在論を離れる仏教の中道とは異なると答えています。

問う、様々な異教徒たちは、同じように三学（戒・定・慧）を実践して、二界（色界・無色界）に生まれ、（主宰神以外は空無であるという）空三昧をさとって言葉や思考が絶えた境地を体験します。どうして、それで煩悩を断ち涅槃をさとることができないのでしょうか。

答える、その異教徒の観は二辺（有・無）に執着し、その禅定も常見（実在論）と断見（虚無論）の二つの見を帯びたものになるからです。

問う、異教徒の瞑想も同様に有るでもなく、無いでもないという境地を観ずるものなのに、どうしてそれを有無の二辺・二見に陥ったものとするのですか。

梵天などの他としての主宰神に従い、因縁の中道を知らないからです。

因縁の中道とはどういうものですか。

因縁の有を観ずるがゆえに断（虚無論）の辺に陥らず、自性が空であることを観ずるがゆえに、常見（実在論）に落ちません。有・空すなわち法界と観ずれば、中道の正しい観を得ます。この中道正観によるがゆえに、すみやかに涅槃を得ます。異教徒の邪見にとらわれた人はこのことを知りません。そのため、真の涅槃の境地を得られないのです。もしこの理を聞くならば、即座に阿羅漢の境地を得るでしょう。

有ると無いの両極端を離れるということは、阿含《アゴン》経典の中で釈尊が「正見《しょうけん》」とは何かの問いに対して答えているものです（『迦旃延《カセンネン》経』）。仏教では私たちの物の捉え方に苦しみの真の原因を見るわけですが、では、間違っていない正しい物の見方とはどういうものかを尋ねられ、あらゆるものがあるというのは一つの極端論で、あらゆるものがないというのもう一つの極端論で、両者を離れて、中をもって教えを説く——阿含経典のこの言葉は、大乗仏教を確立した古代インドのナーガールジュナが釈尊の教えの核心と見て『中論』で引用しているもので、大乗仏教の説く空とは、この有ると無いの両極端を離れたものだ、というのが伝統的な説明です。

この中道については、第七住心において詳しく論じられます。

†仏教の説く本当の空

わざわざこのような問答を設けているのは、仏教の説く本当の空の境地と、他宗教も説く瞑想中の三昧（サマーディ）がどう違うのかが、わかりにくいからでしょう。実践においても、他宗教と共通する三昧（サマーディ）と、空を体験した境地は、どちらも概念的思考を離れた境地であるため、取り違えてしまう危険性がありました。

他宗教と共通する無の境地は、瞑想中はいくら心が安定していても、瞑想を終え、心が対象を捉えると、再びそれを実体として捉え、欲しい／嫌だという思いが湧き起こってきます。

それに対して、瞑想中に仏教の説く本当の空を体験することができると、瞑想を終えて心が再び対象を捉えても、もう実体としては映らなくなるといわれています。

禅は、一般には、意識を集中させて心に何も浮かばない無の境地を目指すものと考えられていますが、道元ははっきり否定しています（『弁道話《べんどうわ》』）。道元によれば、坐禅はブッダガヤにおけるさとりの体験を師から弟子へと受け継ぐもので、他宗教と共通する禅定とは違うものです。

道元は晩年、主著の『正法眼蔵《しょうぼうげんぞう》』を増補して全百巻にすることを計画し、果たさず亡くなりましたが、晩年に新たに加えた巻のひとつ「四禅比丘《しぜんびく》」巻では、四禅を体験して阿羅漢《アラカン》になったと勘違いした二人のインド僧の話が取り上げられています。

取り上げられた最初の僧は、死に際して輪廻を解脱せずに、色界に生まれ変わるヴィジョンを見て、釈迦にだまされたと腹を立て、色界のヴィジョンも消えて地獄に生まれてしまいます。

もう一人の僧は、強盗を見かけて恐怖したり、美女に心が動いたりして、自分が体験したのが阿羅漢の境地ではなかったと気づいていきます。瞑想後に再び実体視が生じるかどうかが、判断のポイントです。

無の境地はちょうど夜中に熟睡して、夢も見ない状態に似ています。その時は心に何も浮かびませんが、目が覚めたとき、さとりを開いていて、苦しみから永遠に解放された、ということにはなりません。

天界の安楽もそのようなもので、永遠の安らぎではないのです。

すべてが因縁によって生じると理解することと、対象が実体ではなく空であることをさとることは、分析、思索によるものです。その空の境地を体験するのは、心が対象を捉えていない、深い三昧の境地においてです。ですから、無の境地は、それ自体は空の体験ではありませんが、空の体験の直接の前提条件となるものです。だからこそ、空海は、彼らについて、この理を聞くならば、即座に阿羅漢の境地を得るでしょう（「若し此の理を聞かば、即ち羅漢《ラカン》を得てん」）と言っているのです。

上は非想非非想処を射ても、そのあと地獄に落ちることは、たとえるなら、矢を虚空に射て空高く上っても、力尽きて下に落ちるようなものです。ですからその天の安楽を願い求めてはなりません。

天の境地に至ったとしても、安楽は一時的で、苦しみからの真の解放は得られないことを理解したとき、はじめて輪廻の根本を断ち切ろう、という思いが心に生じます。ここから先が仏教固有の、病気でいえば根治を目指す段階になります。

†『大日経』と『秘蔵宝鑰』

『大日経』では次のように説いています。

秘密主よ、戒を守って天に生まれるのは、第七の受用種子（第六の実から得られる種子）である。また次に秘密主よ、この心で生死流転を繰り返している時に師にめぐりあい、次のような言葉を聞く。

「これは天である。大天である。一切の楽を与える者である。心から供養すれば、一切の願いが実現する。自在天・梵天・那羅延《ナラエン》天・商羯羅《ショウギャラ》天・自在天子・日天・月天・龍尊など、あるいは天仙・大囲陀《だいいだ》論師《ろんじ》である。それぞれすべて供養すべし。」

このようなことを聞いて心に喜びを抱いて心から恭敬し、従い、修行する。秘密主よ、これ愚童異生の凡夫が生死に流転する、無畏の境地を目指す第八の嬰童心と名づける。

（『大日経』住心品）

ここで第七、第八と言っているのは、この引用が前の第二住心のところで引用されていた、心が種・芽・疱・葉・華・実という段階を経て成長していくという内容に続く箇所だからです。

また次に、特に優れた修行がある。先に説いた天のなかで特に優れたものに住し、解脱を求める智慧が生じる。いわく、その天は常住だが、他のものはすべて無常で空であるとする。このような説に従うのである。秘密主よ、それは本当に空と非空を理解しているのではない。断と常のふたつの辺に陥っているのである。本当の空はあるでもなく、無いでもなく、分別と無分別を超越している。どうして空を分別できよう。諸法の空を知るのでなければ、涅槃を知ることはできない。それゆえ、空を理解して、断・常の二見を離れるべきである。(『大日経』住心品)

この箇所は『大日経』の漢訳に問題があるらしく(松長有慶『大日経住心品講讃』)、ここでは空海の読解を推測して訳してみました。

秘密主よ、世間の因果および業、あるいは生、あるいは滅、他である主宰神に従属する空三昧が生じる。これを世間の三昧道と名づける。(『大日経』具縁品)

『秘蔵宝鑰』では、『十住心論』とは異なり、典拠である『大日経』やその註釈『大日経疏』の引用を各住品の終わりにまとめているのですが、そのことによって、空海の叙述が『大日経』の内容を自分の言葉で当時の人々に伝えようとするものであることが際立っています。『秘蔵宝鑰』は空海にとって、自説というより、大日如来の教えを人々が理解できるよう、言い直したものなのです。

> 諸天世間の教えのなかに真言教法の道が見えるのは、このような熱心に勤める者（仏陀）が衆生を利益しようとするためである。（『大日経』具縁品）

こちらは、異教徒（外道）の神々の教えも、人々を導く方便として仏陀が設けたもの、という説明の典拠となる教えです。『秘蔵宝鑰』と『十住心論』の違いのひとつとして、『秘蔵宝鑰』では第一～第九までが言葉を用いて言葉を超えた境地を目指す教えで、第十の密教のみがその言葉を超えた境地を体験する教えとされていますが（九顕一密）、『十住心論』では各住心の最後に、神秘釈として、究極の観点からすれば、第一～第九までの教えも密教なのだ、として、真言の教えが説かれます。密教の曼荼羅のなかには異教の神々も包摂されており、それらの神々の真言も存在します。『十住心論』ではそれらも説かれているのですが、『秘蔵宝鑰』では経典の引用のみで、詳しい説明はありません。

第 4 章

苦しみを根源から断ち切ろうとする段階
——第四住心〜第七住心

インド・ナーランダー僧院跡。
玄奘三蔵が留学した仏教の学問的拠点。倶舎・唯識・中観などが学ばれていた。

第四　唯蘊無我心《ゆいうんむがしん》——声聞《しようもん》の心

†私は実体ではなく無我である

唯《ただ》し法有《ほうう》を解《げ》して、我《が》・人《にん》皆遮《しや》す。羊車《ようしや》の三蔵、悉《ことごと》く此の句に摂す。（諸法のみが実体であると考えて、人我執、すなわち私の実体視を断ち切ります。『法華経』で説かれる羊車〔声聞乗〕の三蔵〔経・律・論〕の教えはすべて、この句に集約することができます。）

釈尊が涅槃に入ったあと、教えを聞いた弟子によってその教えが編纂され（阿含経典）、それを元に理論化が試みられました（アビダルマ）。その解釈によっていくつもの部派に分かれ、それぞれが経典と釈尊の定めた戒律、アビダルマ（論）を伝えていました。その三つを三蔵といいます。三蔵法師は、経・律・論すべてに精通した僧侶への敬称です。

中国・日本、チベットなどの北伝においては、アビダルマはヴァスバンドゥ（世親）によって編纂された『倶舎論《くしゃろん》』を中心に学ばれました。『倶舎論』は、部派のなかでもっとも有力だった説一切有部《せついっさいうぶ》の見解を中心に、その一部を経量部《きょうりょうぶ》の立場から批判したものです。

経量部は、過去や未来は実在せず、現在の一瞬のみが実在すると考えます。私たちの心は固定的な実体ではなく、一瞬一瞬の連続としてある（心相続《しんそうぞく》）と説きます。

それに対して、説一切有部は、たとえば私たちを構成している五蘊《ごうん》は実体だが、それによって構成された私は実体ではなく、無我である、と考えます。五蘊などの諸法は過去・現在・未来において実在しているとされ、それが説一切有部——一切が有ると説くという名称の由来です。

『倶舎論』の著者ヴァスバンドゥ（世親）
（運慶作、国宝。興福寺蔵）

これは他派から、釈尊が否定した実在論ではないかという批判を受けましたが、説一切有部の側に立つならば、これは無常の否定ではなく、無常を成り立たせている論理を説明するものです。

桜部建『存在の分析〈アビダルマ〉』は、説一切有部の論理を次のようにアナログの映写機でたとえています。――未来の法は、これから投影されるフィルムのようなもので、一瞬現在し、過去のリールに巻き取られていきます。私たちはその一コマ一コマの連なりを、連続した「私」と捉えているのです。

説一切有部は、もし過去が存在しないなら、なぜ私たちは過去を思い出すことができるのか、と問います。ですから説一切有部にとって、煩悩を断つということは、過去の法となったものが現在にアクセスしてくることを断ち切ることを意味します。

†輪廻の苦しみの根源を断ち切る

『十住心論』では、『異部宗輪論《いぶしゅうりんろん》』に基づいて、それぞれの部派の見解が紹介されていますが、『秘蔵宝鑰』では省略されています。

……名前と実際が異なっているものを混同することは、古来よりよくあることです。それゆえ、勝論《かつろん》外道（ヴァイシェーシカ学派）や数論《すろん》外道（サーンキヤ学派）は「諦《たい》」（真実）という言葉を用い、異教徒は梵天や那羅延天を「仏」（覚宝）とし、長爪《ちょうそう》外道は諸

法の「実相」を説き、犢子《とくし》部は「言語を絶する」（犢子部は仏教の部派のひとつだが、実体的な「我」を認め、しかしそれは言語を絶したものだと説く）、それらはいたずらに解脱の智を労しているだけで、まだ本当の涅槃に至る因を知らないのです。

それゆえ大覚者である世尊は、この第四住心の羊車の教えを説いて、三悪趣（地獄・餓鬼・畜生）のはなはだしい苦を救い、八苦（生・老・病・死・愛別離《あいべつり》苦《く》・怨憎会《おんぞうえ》苦《く》・求不《ぐふ》得《とく》苦《く》・五《ご》陰盛《うんじょう》苦《く》）の業の束縛から解放させたのです。

第三住心のところで取り上げられていたように、天界、特に色界や無色界の境地を目指す教えも、輪廻の苦からの解放を目指すものですが、輪廻の真の原因を知らないため、そこから解放されることはできません。

第四住心以降が、仏教固有の段階、輪廻の苦しみの根源を断ち切って、そこから解放されることを目指す段階となります。『法華経』では、長者が火事の家から子供たちを救い出すために、一計を案じて羊車・鹿車・牛車を見せて誘い出し、出てきた子供には全員大白牛車を与えたという、三車火宅のたとえが説かれています。

三車（羊車・鹿車・牛車）は、まだ実体視にとらわれている凡夫を輪廻から脱出させるための、三乗（声聞乗・独覚乗・菩薩乗）の教えで、第四住心で取り上げられているのは、そのうちの声聞乗（羊車）の教えです。

教えが三乗に分かれるのは、まだ実体視にとらわれている以上、輪廻から解放された境地も概念的に理解され、目指されており、それが自分が納得するものでなければ、実践しないからです。

第四住心では、自分を構成している五蘊は実体だが、それによって構成されている「私」は実体ではないと理解して、輪廻からの解放の境地を目指します。

苦しみのきわめて多い世界（地獄・餓鬼・畜生）から離れたいというのは当然ですが、人間の世界にも生（仏教本来の意味では、生きることの苦しみではなく、生まれる苦しみ。胎児の期間は、子宮に閉じ込められ、生まれる時も、狭い産道を通らなければならない）・老い・病気・死などに代表される様々な苦しみがあります。

私たちは、多くの場合、欲しいものを手に入れ、嫌なものを排除して苦しみから解放されようとしますが、それはうまくいきません。欲しいけれど手に入れることはできない（求不得苦）、嫌だけれどなくすことができない（怨憎会苦）ことで逆に苦しみを増やしてしまううえ、仮に望み通りになったとしても、その幸せは一時的なものです。すべては無常である以上、その幸せにはかならず終わりが訪れます（愛別離苦）。ですから、苦しみというのは、誰にも理解できる肉体的あるいは精神的な苦痛だけでなく、感覚的な幸せも、潜在的な苦しみの原因となっているのです。第三住心で説かれた色界定や無色会定のような幸せも苦しみも感じていない無の境地にあっても、それには必ず終わりがきます。私たちが心と肉体を持つ以上、苦しみから解放されることはないのです（五陰盛苦）。これが仏教の説く四苦八苦です。

このことを真に理解したとき、この輪廻から本当に離れたいという動機が、その人に生じます。

†四聖諦と四向四果

第三住心では、実体的な我があるという考えのために、天界のもっとも高い非想非非想処に生まれても、輪廻から解脱することはできませんでした。第四住心では、そのような者に無我を理解させるために、諸法は実体だが、それによって構成された「私」が実体ではない、という教えが説かれるのです。

その教えは、三蔵（経・律・論）広くにわたり、四聖諦《ししょうたい》（釈尊が最初に説いた四つの真理＝苦・集・滅・道）をすべてにわたって観じます。苦しみからの解放の道の助けとなるのは三十七道品です。それによって得られる境地は、四向四果です。心（「識」）については、六つのみを数え、第六住心で紹介される唯識説のような第七識や第八識は考えません。輪廻からの解脱は、早ければ三生、長ければ六十劫《ごう》（カルパ。宇宙の生成から消滅までの単位）を数えます。

インドから中国・日本などやチベットに伝わった北伝では、この段階の教えは、説一切有部の説を中心にアビダルマを体系化したヴァスバンドゥ（世親）著『倶舎論』を中心に学ばれます。

四聖諦（苦・集・滅・道）は釈尊が最初に説いた教えとされるもので、『倶舎論』では、釈尊が阿含経典で説いている諸法を実践体系として体系化し、その各段階で四聖諦（苦・集・滅・道）を観じることを中心に、教えをまとめています。

三十七道品は、その具体的な階梯で、四念処《ねんじょ》・四正断《しょうだん》・四神足《じんそく》・五根《こん》・五力《りき》・七覚支《かくし》・八正道からなります。

まず最初に修するのは四念処で、身体・感受・心・法を意識するようにします。そして、すでに生じてしまった悪は除き、まだ生じていない悪は生じさせない、まだ生じていない善は生じさせ、すでに生じた善はさらに増大するよう努めます（四正断）。さらに、すぐれた瞑想を得ようと願い（欲）、努力し（精進）、集中し（念）、智慧をもって観察します（思惟）（以上、四神足）。それによって修行における五つの能力――信・精進・念・定・慧が得られます（五根）。それがさらに強くなったのが五力です。それによって念（気づき）、択法（法を調べる）、精進、喜（修行によって生まれる喜び）、軽安（心の軽やかさ）、定（瞑想における集中）、捨（対象に執着しない）が得られ、瞑想中に空の境地を体験できるようになります（七覚支）。その後は聖者の境地で、そこでおこなわれる実践が八正道《はっしょうどう》――正見（正しい見解）・正思惟（正しい考え）・正語（正しい言葉）・正業（正しい行為）・正命（正しい生業）・正精進（正しい努力）・正念（正しい気づき）・正定（正しい集中）です。

これは基本的には東南アジアに伝わっているテーラワーダと共通ですが、北伝では、八正道は、聖者の境地に至ってはじめて実践できるものとする点に相違があります。そのため八聖道とも呼ばれます。

聖者の位としては、四向四果《しこうしか》――預流《よる》向・預流果、一来《いちらい》向・一来果、不還《ふげん》向・不還果、阿羅漢《アラカン》向・阿羅漢果を考えます。預流とは、その名の通り流れにあずかる、という意味で、この境地を大乗における空の直接体験に相当すると考えることが多いのです。一来は、あと一度だけ生まれ変わる段階、不還はもう生まれ変わることのない段階で、最終的に目指されるのが阿羅漢です。その境地に至ると、死んで再び生まれ変わることなく、輪廻から消滅してしまいます。その境地を目標とします。

†比丘の戒律

空海はここで、戒律に基づく僧侶の生活のあり方についても紹介しています。

悪しき行為を止めるのは、二百五十の戒律で、善をなすのは、身を不浄、受を苦、心は無常、法は無我と観ずる四念処観と、欲望を捨てる八背捨《ぱいしゃ》（八解脱）を観じることです。半月に一度（満月と新月の日）に布薩《ふさつ》をおこなって集まり、戒律に反した者はその行為を懺悔するので、戒律を守っているかいないかがたちどころにわかります。夏には集中的に籠もって九十日の夏安居《げあんご》をおこない、その最後に自恣《じし》をおこなって、互いに罪を指摘しあって反省し、凡夫の境地にあるか聖者の境地にあるかがたちまちにわかります。

頭を剃り、袈裟《ケサ》を着けて、托鉢《たくはつ》の鉄鉢と錫杖《しやくじよう》を持って歩き、音を立てて歩いて虫が逃げるようにして、踏み殺さないようにします。座る時は身をかがめ、呼吸を数えて意識が散乱しないよう心がけます。これが僧侶の体におけるふるまいの整え方です。

木を切るとか財宝を手に入れるとかは、それをおこなわないのはもちろん、言葉でいうことも避け、どうしても言わざるをえない場合は、清らかな言葉を使って間接的に表現します。

雲の流れるような美女や雪をめぐらすような麗人を見たときは、心で死体を観想します。これが僧侶の言葉と心における浄らかにたもつ方法です。

貪りの心をなくすために、墓地で塚の間に坐って目を閉じ、白骨観（肉体が白骨になるさまを観想する）をおこないます。集落に入って托鉢の行をおこなうときは、粗末な食事を受けて、それで足るという想いをなします。すまいは樹葉が雨をさえぎれば十分であり、白壁の部屋などは願いませんし、衣も風を防ぐ糞掃衣《ふんぞうえ》で十分で、美しい織物に心はとらわれません。

インドにはカースト制がありますが、比丘の戒律は出家者の僧伽《ソウギャ》（サンガ）に世俗の価値観を持ち込まないために設けられたものです。そのもっとも重いものは波羅夷《ハライ》といって、犯した時点で直ちに比丘の資格を失います。それは殺人、盗み、さとっていないのにさとったと嘘をつくこと（大妄語）と性関係を持つことです。殺人や盗みのような犯罪をおかした者を、世俗の法律は適用されないとかばえば、仏教教団ごとつぶされてしまいますから、そのような者はその時点で比丘の資格を失い、世俗の法律で裁かれることになります。さとっていないのにさとったと嘘をつく者も、存在を認めるわけにはいきません。性行為は、合意の上であれば世俗的には禁じられない行為ですが、それを認めると、世俗のルールに従う在家信者と違いがなくなってしまいますから、それも認められません。

約二百五十もの戒律があるのは、誰かがトラブルをおこすたびに、これ以降はそれを禁じると、そのたびに定めたものであるためです（随犯随制《ずいはんずいせい》）。午後に食事をとってはならないというのも、私有財産を持たずに、食べ物も托鉢にたよるためです。もし、おなかがすくたびに時間にかまわずに家々を訪れては、人々の迷惑になるからです。暑いインドらしい、木陰で僧侶がたまって木陰を独占してはいけない、という戒律もあります。

基本的には数名で行動し、定住せずに托鉢で食物を得、満月の日と新月の日に集まって、戒律違反をした者は、それを懺悔します。これは基本的に自己申告です。

インドには乾季と雨季があり、毎日雨が降り続く雨季の期間は托鉢に回ることが困難ですから、一箇所に集まって集団で行をします。これが夏安居です。その最後の自恣においては、他の僧侶の悪いおこないを指摘することができますが、それ以外では原則自己申告なのは、仏教の戒律の考えが、神の命令のようなものではなく、自分が守ることを誓ってはじめて効力を発揮するものだからです。

†妻帯している僧侶は比丘ではない

比丘の戒律は、メンバー規約のようなものですから、すでにメンバーとなっている者の前で、戒律を守ることを誓うことで、メンバーとして承認されます。

メンバー規約ですから、もし僧がある女性と交際したいと思ったならば、戒律を返上し、在家に戻って結婚することができます。捨戒《しゃかい》（メンバーからの退会）と破戒（規約違反）はまったく違います。

奈良時代、日本に正式な戒律を伝えるため、中国の高僧の鑑真《がんじん》（六八八〜七六三）が、何度も遭難するなどの困難を乗り越えて、来日を果たし、戒律を伝えたという話は有名です。わざわざ日本に来る必要があったのは、比丘の戒律がメンバー規約で、日本の僧侶をメンバーとして承認するためです。

ですから、中国やチベットのような、いわゆる大乗の伝統の国でも、僧侶の戒律は、釈尊が定め、部派のなかで受け継がれたものを守っています。

ところが、日本では、特別なことがおこります。空海と同じ時に中国に渡った最澄が、すでに存在している奈良仏教の戒律に従うのではなく、比叡山で菩薩の誓いを立てて十二年籠もって修行することによって僧侶となる新しい制度を提唱し、死に際して勅許を得るということがおきたためです。

とはいえ、もともと比丘の戒律はメンバー規約ですから、日本の天皇が認めたといっても、それは日本以外では通用せず、天台系の僧侶が中国に留学する際には、東大寺や九州の観世音寺であらためて比丘の戒を受けるか、書類の偽造がおこなわれました。

現在は、日本の僧侶の多くは、家族を持っていますが、それが公認されたのは、明治維新の際に、それまでの僧には世俗の法律を適用しないという特権を廃し、その代わりに「肉食妻帯《にくじきさいたい》勝手たるべし」という布告がでたためです。

それ以前は、隠れてはわかりませんが、公然と妻帯しているのは浄土真宗（昔の呼び方では一向宗《いっこう》）だけでした。法然とその弟子が弾圧を受け、弟子の一人として親鸞も島流しにあったという話を学校で習ったと思いますが、本来、僧侶を世俗の法律で裁くことはできないため、還俗させてから俗人として島流しする、という手続きが踏まれました。もちろん、それは自分の意思によるものではなく、それを末法《まっぽう》の有様と考えて、親鸞は許されたあとも僧には戻らず「非僧非俗《ひそうひぞく》」を標榜《ひょうぼう》し、その縁で浄土真宗では、戒律をもたずに妻帯したり、髪を剃らなかったりすることがありました。

比丘の戒律がメンバー規約だ、というのは、仏教の基本ですから、妻帯している日本の僧侶は、姿は髪を剃り、比丘のしるしである袈裟を身につけていたとしても、仏教的には比丘と呼ぶことはできません。個人的には独身を守っていたとしても、戒を受けた師、あるいはさらにその師の師が妻帯するなどしてすでにメンバーでなくなっていたならば、その誓いは有効ではないので、同様です。

現在でも戒律に厳格な東南アジアでおこなわれる仏教徒の会議では、日本の僧侶は比丘のしるしである袈裟《けさ》を着けることが認められない、ということを、日本の僧侶の方からうかがったことがあります。

これは堕落している、いない、といった議論とはまったく別のものです。

†仏教は国家の役に立つか

そもそも、最澄が新しい戒律の制度を天皇に願い出る、ということ自体が、比丘の戒律の性格からすればありえない話で、それは世俗のルールが適用されない僧侶は、税金や兵役もまぬかれるため、自主的な集まりとしての僧綱《そうごう》は存在するものの、実際には国家で統制をおこなっていたためです。日本の律令は中国のそれをもとにしたものですが、中国の律令にはない、僧尼令《そうにりょう》という規定があり、古代の日本において、僧侶は国家づきの祈禱師のような位置づけがなされていました。

『秘蔵宝鑰』にのみ存在する憂国公子と玄関法師の十四問答も、そのことと関係しています。日本の仏教がこれからどういう道を歩んでいくかは、各宗派や僧侶の方々が決めることです。インド特有の気候やカースト制などの文化を背景とする戒律を、他の文化においてもすべて踏襲する必要があるかについても、いろいろ意見があるでしょう。しかし、議論の前提として、本来の僧侶のあり方がどういうものかを知っておくためにも、この記述は貴重だと思います。

十四問答では、憂国公子が、仏教がすぐれたものであることは説明を聞いてよくわかったが、実際の僧尼は、頭は剃っていても欲は剃っておらず、染めた衣をつけても心は仏法に染まっていない。それが飢饉や伝染病の流行の原因となっているとして、国家による仏法の保護をやめることを主張し、それに対して、玄関法師が、一見それはもっともだが、阿羅漢の境地に至ることは一生涯ではむつかしいこと、今は劣った時代であり、人の資質も落ちていること、すぐれた人は存在していたとしても、見出しがたいことなどを挙げています。

そのうえで、国家の役に立つか否かという観点からの論は、国家を思う官僚としてはもっともだが、官僚の堕落は仏教以上であり、国家が仏教のために使っている費用は、官僚の無駄遣いからみれば微々たるもので、僧侶は粗食で国家の恩に報いるべく読経《どきょう》礼拝《らいはい》をおこなっていると指摘します。

それに対して、読経や礼拝がいったいどれだけの効果があるのか公子が疑問を投げかけ、法師が一句の妙法は億劫にも遭いがたいもので、一仏の名号を唱えるだけでも無量の重罪を滅するものであると説きます。そのような説明に疑問をなげかける公子に、教えや教えを説く人は多くの人の利益となるもので、それを誹謗することは大きな罪となることを説いて、慎むよう忠告します。

このような議論で、現在、どの程度の人が納得するかはわかりませんが、世俗の人と仏教の側の捉え方の違い、世俗の人は祈禱の効果などの現世利益を期待するのに対して、仏教は一切衆生を苦しみからの解放に導くものであるという仏教側の姿勢の違いをよく示しています。

最後の『大日経』からの引用は、次のようなものです。

――いわく、このように五蘊のみが存在し、それによって構成された「私」は実体ではないと無我を理解して、六根とその対象である六境、感覚とその対象と、そこで働く心の働きである六識界に長い間留まって、修行する。（『大日経』住心品）

――声聞衆は、有縁の地に住して生滅を観察して、有（実在論）と無（虚無論）の二つの極端論から離れる。そうして極観察智をもって輪廻の流れに流されない修行の因を得る。これを声聞の三昧道と名づける。（『大日経』具縁品）

――声聞道の真言は、（ひとつの字が多くの意味を表わす密教の真言とは異なり）ひとつひと

一つの言葉が置かれる。(『大日経』具縁品)
最後の引用は、前の住心と同様、『秘蔵宝鑰』では引用のみで、具体的には論じられていません。

第五　抜業因種心《ばつごういんしゅしん》——独覚《どっかく》の心

†十二支縁起を観想し解脱する

身を十二に修して、無名種を抜く。業生已《すで》に除いて、無言に果を得。(十二支縁起を観じて、苦しみの根源である無明の種を除きます。原因がなくなれば、それによって積まれる業とそれによる生も除かれて、その結果として、言葉で教えを説くことのない独覚仏の境地を得ます。)

第五抜業因種心は、『法華経』の説く鹿車、独覚乗の教えです。独覚仏（辟支仏《ビャクシ》）は何かのきっかけで十二支縁起を理解し、それを観じることによって輪廻を解脱しますが、言葉で教えを説くことはない、といわれています。

抜業因種心の実践には、一人でさとりを開く麟角喩《りんかくゆ》独覚と、集団で行動する部行《ぶぎょう》独覚があります。十二因縁を観じ、人は四大（地・水・火・風）や五蘊（色・受・想・行・識）からなる無常なるものと考えて生死を厭い、花や葉が散るのを見て、生・住・異・滅の四相からなる無常をさとり、山林や集落に居住して、無言の三昧を証します。それによって業と煩悩の切株をその根から抜き、無明の種子もそれによって断じます。……その境地は、静けさの淵を泳ぎ、無為の宮に遊ぶようなものです。

（第四住心の声聞のように誰かから戒を授かるのではなく、）おのずからなる戒律を自然に身にそなえ、師によらないさとりの智慧を自ら獲得します。三十七道品も、教えを受けることなくしてさとり、五蘊・十二処・十八界の法も師によらないで理解します。

神通力をそなえているので、それによって人を救うことはありますが、言葉で教えを説くことはありません。一切衆生を苦しみから解放しようという大悲の心を欠くため、衆生を救うための方便をそなえていません。ただ、自分の苦を滅して、寂滅の境地をさとっただけです。

このような存在が仏教で考えられたのは、釈尊が何かを新しく作り出して説いたわけではなく、すでに存在している苦しみと苦しみの解放のメカニズムに気づいた存在、真理の発見者で、真理そのものは最初から存在していたもの、とされているためです。真理は最初から存在する以上、容易ではないにしろ、他の人が何かのきっかけでそれに気づくことも原理的にはありえないことではないはずです。

独覚については、仏陀が出現した時代に教えを受け、無仏の時代に何かのきっかけで前世の記憶を思い出すという説明もありますが(『十住心論』では『瑜伽師地論』の所説として引用されている)、『秘蔵宝鑰』では触れられていません。

十二支縁起(十二因縁とも)は、私たちの苦しみの真の原因である無知(無明)が老いや死に代表されるあらゆる苦しみを生み出す様を、十二の段階で観想するものです。原因がわかれば、それを除けば苦しみから解放されることも可能なので、それも十二の段階で観想していきます。十二支縁起はあらゆる現象にそなわっており、一瞬の行為に十二支縁起がそなわっていると見ることも可能であり、輪廻のプロセスを十二支縁起で理解することもできるとされています。

†三世両重の縁起

部派の説明で有名なものは、十二支縁起を、煩悩によって業がつまれ、それが苦としての生に結果し、それがさらに煩悩を生み……と、煩悩〜業〜苦としての生の二回のサイクルが過去世・現世・来世にわたって展開すると解釈する、三世両重《さんぜりょうじゅう》の縁起です。

	煩悩	業	苦としての生
前世	①無明《むみょう》	②行《ぎょう》	
今世	⑧愛・⑨取《しゅ》	⑩有《う》	③識《しき》・④名色《みょうしき》・⑤六処《ろくしょ》・⑥触《そく》・⑦受《じゅ》
来世			⑪生《しょう》・⑫老死

前世の無明（①）に基づく行為（②）によって、次の生の胎内に意識（③）が宿り、心

と体（④）を持ちます。生まれると感覚器官（⑤）が対象と触れ（⑥）、感受します（⑦）。それによって、よい（⑧）／わるい、という気持ちが生じ、欲しい物については自分のものにしたい（⑨）と思うようになります。それに基づく行為によって輪廻し（⑩）、生まれ（⑪）、老死に代表されるあらゆる苦しみを味わいます（⑫）。

空海はここではこの三世両重の縁起は紹介せず、十二支縁起については密教経典の『守《しゅ》護《ご》国《こく》界《かい》主《しゅ》陀《だ》羅《ら》尼《に》経』から長文を引用しています。この経典は中国に渡った空海が直接接した般若三蔵と牟尼《ムニ》師利《シリ》の訳になるもので、当時最新の翻訳でした。

三世両重の縁起を紹介しないのは、それが第四住心に相当する解釈だからでしょうし、『守護国界主陀羅尼経』の説を紹介するのは、その内容が、瞑想によって煩悩を滅し、煩悩がいかに生じるかをさとったという、十二支縁起が作られた理論ではなく、物事が生じ滅する様を智慧を持って観察することによって得られるものであるという、十二支縁起を第五住心の実践とする趣旨にかなう内容であるためでしょう。言葉で教えを説かないのが独覚なので、直接、独覚のさとりを説いた経典はありません。

『守護国界主陀羅尼経』では、如来が瞑想の境地において、煩悩を滅し、煩悩が生起する因縁を如実《にょじつ》に知ったとし、不正思惟（八正道のひとつ正思惟の反対）を因（直接原因）、無明を縁（間接要因。因を結果せしめる条件）とし、無明を因とし、行を縁とし……と、前の縁が順次次の因となっていって、生が因となり、老死が縁になる、と説いています。

煩悩を滅する因と縁としては、教えを聞くことと、心の内にとどめること、一点集中の瞑想（止《し》。シャマタ）と空を観ずること（観《かん》。ビパッシャナー）が、それぞれ、因となり縁となります。煩悩の因と縁は数かぎりなく、それゆえ解脱の因と縁も数かぎりありません。煩悩が解脱の因縁となることもあれば、解脱が煩悩の因縁となることもあります。前者はその実体を観ずることによってで、後者はそれに執着の心をおこすことによってです。

†声聞・独覚の限界

典拠としては、『大日経』の次の言葉が引用されています。

縁覚（独覚）は業と煩悩の切り株の残り、十二因縁を生じる無明の種子までをも取り除く。これは建立外道などの見解を離れている。このような静寂は、一切の外道が知ることのできない境地である。過去の仏陀が、一切の過失を離れていると説かれている。

（『大日経』住心品）

縁覚（独覚に同じ。十二支縁起を観ずることによってさとるため）は、深く因果を観察し、言葉を超えた境地に住し、教えを説くことがない。一切の法において、言葉を超えた極滅語言三昧をさとる。これが縁覚の三昧道である。（『大日経』具縁品）

秘密主よ、もし縁覚や声聞の説くところの真言に住するならば、様々な過《あやま》ちをなくすことができる。（『大日経』具縁品）

声聞道の真言は、（ひとつの字が多くの意味を表わす密教の真言とは異なり）ひとつひとつの言葉が置かれる。そのうち、辟支仏（プラティエーカ・ブッダの音写。独覚仏のこと）には、少し違いがある。三昧の内容が少し異なり、積んできた業を滅する。（『大日経』具縁品）

その後に、第四・第五住心の総括として、『菩提心論』からの引用として、次のような内容がひかれています。

声聞・独覚のものは、人我は破ることができても、声聞の場合は、五蘊や十八界などの諸法、独覚の者は十二支縁起へのとらわれ（法執）が残っている。第六識である意識を浄めるが、唯識の説く第七識（末那識《まなしき》）や第八識（阿頼耶識《あらやしき》）については知らない。長い期間かかって結果の境地に到達し、輪廻からの消滅を涅槃と考えている。

唯識の五姓格別説《ごしようかくべつ》でいう定性《じようしよう》の者は、その静まりかえった境地から抜け出すことは困難で、劫の期限が尽きてから、菩提心をおこしてあらためて仏陀の境地を目指す。声聞か菩薩か定まっていない不定性の者は、劫の期限を待つことなく、縁にあえば回心し、仏陀の境地を目指す。

それは『法華経』化城喩品《けじようゆ》で、声聞乗や独覚乗の者も、最終的には仏陀の境地を目指すことになり、三乗が一乗に帰すことを、旅人に幻術で城をつくりだしてそこを目的地と思わせて、そこにたどり着いて休息を与え、さらに旅を続ける気力をおこさせることにたとえているように、声聞や独覚の涅槃は三界を越えただけで、まだ道が終わりではないことを気づかせます。

そこで仏陀を目指す菩提心が生じるのは、過去に仏陀を信じた縁で、諸仏菩薩の加持力を得ることによってである。そうやって長い長い時間をかけてようやく仏陀の境地に至るのだから、声聞・独覚の智慧は狭いものであり、それを願ってはならない、という言葉で第五住心の説明は締めくくられています。

第六　他縁大乗心《たえんだいじょうしん》——唯識《ゆいしき》の心

†自身が仏陀となることを目指す

無縁に悲を起して、大悲始めて発《おこ》る。幻影に心を観じて、唯識に境を遮す。〔特定の対象ではなく、一切衆生に対して苦しみから解放されるようにという気持ちをおこすことで、大悲の心がはじめて生じます。実体であるかのように映っている現象は心の現われであると観じて、心だけが真実である〔唯識〕として、対象の実体視を断ち切ります。〕

第六以降が三車のたとえでいう牛車、菩薩乗の実践となります。普通の慈悲の心が特定の対象に対しておこされるのに対して、一切衆生に対して苦しみから解放されることを願って、自身が仏陀となることを目指すので、通常の悲心と区別して、大悲と呼びます。

人空と法空の二空の教えと、遍計所執性《へんげしよしゆうしよう》・依他起性《えたきしよう》・円成実性《えんじようじつしよう》の三性《さんしよう》の教えによって、執着の塵を払い、慈・悲・喜・捨の四無量心や、布施・愛語・利行・同事の四摂法によって、利他のおこないをととのえます。阿陀那識《アダナ》（阿頼耶識に同じ。第八識）の深く微細な相を思惟し、外界の実体であるかのように現われているものが幻や陽炎のような実体のないものにすぎないことを理解します。

第四の声聞乗と第五の独覚乗が、人無我のみを認め、法無我を認めないのに対して、第六の唯識の教えでは、人も法も実体ではなく空であると説きます。私たちにとってあたかも実体のように現われているものは、心の奥深くの阿頼耶識に蓄積されている薫習《くんじゆう》に基づいた心の現われです。声聞乗・独覚乗では、第六識までのみを認めるのに対して、第七末那《マナ》識と第八阿頼耶《アラヤ》識を認めることと、遍計所執性・依他起性・円成実性の三性説が唯識の特徴とされます。

三性は、暗がりで朽ちた縄を見て、蛇と見誤る、というたとえで説明されます。私たちは、暗がりで縄を見て、そこに実際に蛇がいると思い、恐怖の心をおこします。それが遍計所執性です。しかし、その蛇は実際には朽ちた縄をそう捉えたものにすぎません。それが依他起性です。そのように、実体と思っていたものが心の現われで、蛇などどこにもいないことが理解できれば、恐怖の心はなくなります。それが円成実性です。

四無量心《しむりょう》は、他の衆生が幸せとその原因を得るよう願ういつくしみ（慈）の心、苦しみとその原因から離れるよう願うあわれみ（悲）の心、他の喜びを自分のことのように喜ぶ随喜（喜）の心、自分と親しい／親しくないなどの差別をしない平等（捨）の心の四つです。四摂法は、実際に利他をなす時の心のあり方です。

†資糧位と加行位

その修行には芥子《けし》劫（方百由旬《ゆじゅん》の城のなかを芥子粒で満たし、それを百年に一粒ずつ取り去り、それが全部なくなって、再び満ちる年月）や磐石《ばんじゃく》劫（方百由旬の大磐石を百年に一度天人が羽衣で磨り払い、その磐石がすり切れてなくなって、再び満ちる年月）くらいの長い期間を必要とします。その修行の段階には五位があります。

最初の資糧位《しりょうい》においては、初発心が失われる懈怠《けたい》の心を練磨する三つの勇猛心を訓練し、また因としての四弘誓願を修行して、後に得られる究極の結果としてのさとりを仰ぎ見ます。

第二の加行位《けぎょうい》においては、心を一点に集中する三昧をおこなって、唯識無境の観に住します。

第三の通達位《つうだつい》においては、人我《にんが》と法我《ほうが》という魔軍を征服して、敵の大将である根本煩悩を断ちます。

第四の修習位《しゅじゅうい》においては、八正道（正見・正思惟・正語・正業・正命・正精進・正念・正定）の軍隊を整えてすすみ、利他をおこなう際は同事（相手の視点に合わせておこなう）という縄で縛り、六神通（神足通・天眼通・天耳通・他心通・宿命通・漏尽通）の騎馬を走らせて、智慧の剣をもって、敵である煩悩の種子を断ち切ります。

このように、修行に応じて、資糧位・加行位・通達位・修習位、さらに五番目の究竟《くきょう》位《い》の地位が与えられ、心の王である仏陀の境地を獲得し、常・楽・我・浄の四徳をそなえた最高の涅槃の都に住します。

五位は、修行の階梯で、最初の資糧位と次の加行位は、自分と自分の捉えている対象が実体として映っている凡夫の段階で、通達位（見道《けんどう》）と修習位（修道）は、瞑想中に空性を直接体験した聖者の段階、究竟位（無学道）は、苦しみから完全に解放された境地です。この階梯は、基本的に声聞乗・菩薩乗に共通で、『倶舎論』でも説かれています。

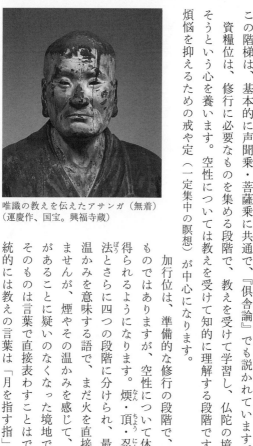

資糧位は、修行に必要なものを集める段階で、教えを受けて学習し、仏陀の境地を目指そうという心を養います。空性については教えを受けて知的に理解する段階です。修行は、煩悩を抑えるための戒や定（一定集中の瞑想）が中心になります。

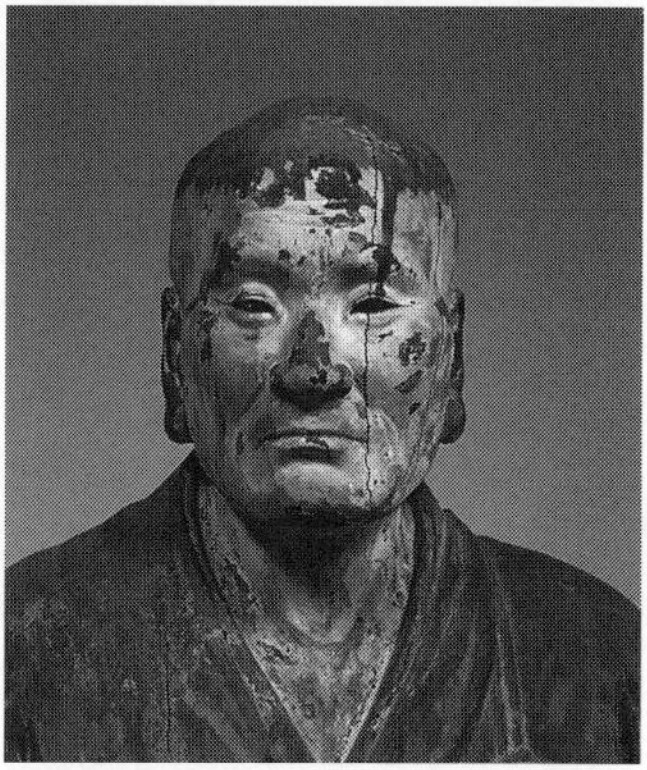
唯識の教えを伝えたアサンガ（無着）
（運慶作、国宝。興福寺蔵）

加行位は、準備的な修行の段階で、不完全なものではありますが、空性について体験理解が得られるようになります。煖《なん》・頂《ちょう》・忍《にん》・世《せ》第一《だいいっ》法《ぽう》とさらに四つの段階に分けられ、最初の煖は温かみを意味する語で、まだ火を直接見てはいませんが、煙やその温かみを感じて、そこに火があることに疑いのなくなった境地です。空性そのものは言葉で直接表わすことはできず、伝統的には教えの言葉は「月を指す指」だと言われます。自分が月を見る前は、指が実際に何を指しているかはわかりませんから、教えについては信じる段階で、そこにははっきりわからないという気持ちがつきまといがちです。火の温かみを感じれば、誰に何を言われようと、そこに火があることについて疑いがなくなります。

日本仏教の伝統で「さとり」の体験を言う場合は、すべては空ですからそれが仏陀の境地と別にあるわけではありませんが、多くの場合、この境地のことを言っているようです。

†通達位と修習位

通達位は、見道位ともいいますが、直接空を「見る」段階です。声聞乗の四向四果の聖者の最初の預流《よる》がこの段階に相当します。菩薩乗では、ここから菩薩の十地（十の段階）がはじまります。あとで見るように、空を直接体験するのは、心が対象を捉えていない深い瞑想の境地においてですが、それを体験すると、瞑想を終えて再び心が対象を捉えても、実体としては映らなくなるといわれています。

修習位では、そうやって空性を直接体験する瞑想と、瞑想後の実践を繰り返しながら、さらに修行を進めていきます。中国・日本やチベットに伝わる伝統では、八正道の実践をおこなうのはこの段階とされています。菩薩乗の場合は、この段階で六波羅蜜の実践を本格的にできるようになるといわれています。その際には、四《し》摂事《しょうじ》（布施・愛語・利行・同事）、なかでも同事（相手と同じ視点にたって教えを説く）が重要だと空海は説いています。

すばらしい利他の教えも、自分はすぐれた修行者で、劣った衆生を導くのだ、という心でおこなっては、修行をすればするほど慢心がつのり、道を誤ることになってしまいます。また、導かれる側にとっても、仏教は心の認識のメカニズムに苦しみの真の原因を見る教えで、自分が訓練して心のあり方を変える必要がありますから、自分が心から納得しなければ正しい動機で修行に取り組むことはできません。ですから、そのような上からの目線の救いは、救う側にとっても救われる側にとっても、真に役立つものにならないのです。

インドのシャーンティデーヴァ著『入菩薩行論《にゅうぼさつぎょうろん》』は、漢訳（『菩提行《ぼだいぎょう》経』）にきわめて問題が多かったため、残念なことに、中国や日本の伝統では、ほとんど影響を与えませんでした。その教えでシャーンティデーヴァは、いきなり捨身などをおこなうことを戒め、まずは利他をおこなう心の訓練をおこなうことを勧めています。この教えは、インドやチベットでは、凡夫が菩薩の行をおこなって仏陀の境地を目指すうえでほとんど唯一の指針といっていい教えとして重視されてきました。

そのテキストで、シャーンティデーヴァは高みに立って私たちに菩薩の道を歩めと指導するのではなく、あくまでもこのテキストは自分自身の心の訓練が目的で、自分と同じ境地の人がいれば、その人にも役に立つところがあるだろう、という姿勢をとっています。

そのようにして、自分自身の心の訓練のためという立場で、菩提心の利益を考えて菩提心を起こす段階から、起こした菩提心を衰えないようにし、さらにそれを増大させるための心の訓練を説きます。そして第九章で、空性が説かれます。もし、そこで空性を実際に体験できれば、実際に観音菩薩や文殊菩薩のように、菩薩として衆生を救うことができるようになります。もし、まだ体験できなければ、それは自分が将来実践したい目標となります。最後の第十章では、六道の衆生を救う菩薩たちの活動が描かれていますが、この章は、チベットでは「入菩薩行の誓願」（チュンジュク・モンラム）と呼ばれ、ここだけを毎日の日課経として唱えている僧も少なくありません。

これは、菩薩が衆生を導くためには、同事、導かれる側と同じ視点に立つ必要があることのよい実例でしょう。

†究竟位

最後の究竟位《くきょうい》は、無学位ともいいますが、新たに学習や実践すべきもののなくなった、修行の到達点です。声聞乗では、阿羅漢の境地、菩薩乗では、仏陀の境地を言います。

その仏陀の境地を、空海は次のように描いています。

> （到達した境地は）勝義《しょうぎ》のなかの勝義というべきもので、太平の安楽を享受する、言葉を超えた境地に至って、無事の風に吹かれます。一実真如《いちじつしんにょ》の台に登って手を組んで坐し、法界《ほっかい》の宮殿の無為《むい》の境地にあります。
>
> 三大阿僧祇《あそうぎ》劫という長い年月を修行してきた者が、ここに至って四智（大円鏡智・平等性智・妙観察智・成所作智）の法王という称号を、はじめて得ることができるのです。
>
> 阿頼耶識の海において七転識の波が静まり、五蘊は色・声・香・味・触・法の六つの感覚の対象に害されることがなくなります。瞑想中の無分別《むふんべつ》智は箱と蓋が合うように真如と一致し、瞑想を終えたあとの後得《ごとく》智の衆生を思う悲心は、六道すべてにいきわたります。

唯識では、対象を捉える眼・耳・鼻・舌・身の前五識とそれら感覚が捉えたものと抽象的なもの（法）を捉える意識（第六識）の六つに加え、末那識と阿頼耶識の計八識を想定します。末那識は阿頼耶識を「私」と捉える識で、阿頼耶識は、それまでの体験が薫習として蓄積されるところです。

これは、アビダルマの考えに瞑想体験を加味した発展形といえます。部派のなかでももっとも有力だった説一切有部は、すでに触れたように、法の過去・現在・未来における実在を説きましたが、その理由のひとつとされていたのが、もし過去がないのなら、どうやってそれを思いだすことができるのか？　ということでした。唯識ではそれを阿頼耶識という、前世からの記憶の貯蔵庫を想定することで、説明するのです。

私たちは感覚が捉えた対象を実体と考え（三性の遍計所執性）、よいものと捉えれば反射的に欲しい、という貪りの心、わるいものと捉えれば反射的に嫌だ、という嫌悪の心をおこし、それに引きずられてしまいます。それを抑制するため、一点集中の瞑想をおこない、心が勝手に対象を捉えないようにします。初心者は、物理的な対象や呼吸など、なにか具体的な対象がないとなかなか集中できませんが、熟達してくると、具体的な対象なしにそのような意識の集中ができるようになります。

そして対象が実体ではないという空性（円成実性）を実際に体験するのは、心が何も捉えていない深い瞑想の境地においてです（等引無分別智《とういんむふんべつち》）。

瞑想中に空性を体験しても、瞑想を終えれば、心は再び対象を捉えますが、実体としては映らず（依他起性）、空性をすでに体験しているため、「私」「私の」というとらわれはすでになくなっています（後得智《ごとく》）。

そうなると、それまでは私の苦しみは大問題で、他人の苦しみはそれほどでもないか、無関心か、それが嫌いな相手だったら「ざまあみろ」と思っていたのが、「私」「私の」という思いから解放されたため、すべての生き物の苦しみを自分の苦しみとまったく同様に考え、取り除きたいと思うことができるようになります。

対象を捉える前五識を引っ込めて、空性を体験することによって、次第に阿頼耶識に蓄積されていた薫習を浄化することができるようになります。

そうやって仏陀の境地に至った時、瞑想中と瞑想後にまったく差がなくなり、阿頼耶識は汚れのないきれいな鏡のような大円鏡智《だいえんきょう》に、それを「私」と捉えていた末那識は区別のない平等性智《びょうどうしょう》に、意識は空性を理解する妙観察智《みょうかんさつ》に、感覚を捉える前五識は利他の活動をおこなう成所作智《じょうしょさ》に変じます。これが唯識の説く転識得智《てんしきとくち》です。

†三乗の教え

三乗は、まだ実体視にとらわれている凡夫に対して、それぞれが納得する目標を設定して、実体視からの解放を目指す教えです。

唯識ではこのように、瞑想中に空性を体験することがゴールではなく、そこで自分と他人の区別がなくなり、あらゆる衆生の苦しみを自分の苦しみと同様になくすことができることを理解し、阿羅漢や独覚仏ではなく、一切衆生を苦しみから救う仏陀の境地を目指します。そのために最初に立てるのが四弘誓願《しぐせい》と呼ばれるものです。これは現在に至る日本仏教の実践の前提にもなっているものです。

・衆生に際限はないが、誓ってそれを救うことを願う。
・煩悩にきりはないが、誓ってそれを断つことを願う。
・法門は尽きないが、誓ってそれを知ることを願う。
・仏の道は無上だが、誓って仏陀と成ることを願う。

私たちは一切衆生（すべての生き物）というと、実際に数を数えることはできなくても、有限だろうと考えますが、仏教では空間の定義として、ここまでが空間でここから先は空間ではないという際限のないものと考えています。空間に果てがない以上、その下の生き物も有限ではなく、無数であるとされています。

私たちにも、他の幸せを願い、他の苦しみを除きたいと思う慈悲の心はそなわっています。しかし、それは普通、家族や友人など、限られた対象に対する有限なものです。それを一切衆生という限りない対象に向けるのが大慈・大悲の心で、それが菩薩の心です。

衆生に限りはなく、煩悩にも限りはありません。したがって、それらを救うための方法も、無数です。しかしそこでくじけずにすべてを救おうと願う、それが無上正等覚者《むじょうしょうとうがく》（アヌッタラサンミャクサンブッダ）、すなわち仏陀《ブッダ》への道だ、というのが大乗の心です。

空海は、唯識では教えとして経・律・論の三蔵を考え、道として声聞乗・独覚乗・菩薩乗の三乗、種性としてはそれぞれ声聞・独覚・菩薩の道が定まっている声聞定性・独覚定性・菩薩定性と、まだ決まっていない不定性、仏性を欠く無性衆生の五姓格別説などを説くことを挙げ、それが中国で揚子江以北に広まった法相宗の教えであると結んでいます。

五姓格別説については、空海と同時代に、法相宗の立場にたつ徳一と、悉有《しつう》仏性を説く天台宗の最澄の間で激しい論争がおこなわれたことが有名です。

ここで、空海の所説から、あとの議論にも関係する仏身の区別についての箇所を紹介することにしましょう。

仏身としては、自性身（法身）・受用身（報身）・変化身（応身）の三身を説き、自性身は常住ですが、受用身と変化身は獲得された身体で、永遠ではなく滅するものです。百億の蓮華の上の応化の仏はどれも六波羅蜜を説いて衆生を導き、千葉《せんよう》の上の千釈迦牟尼仏は、等しく三乗の教えを説きます。

これは『梵網経《ぼんもう》』に説かれている説を踏まえたもので、毘盧遮那《ビルシャナ》仏が蓮華台の中央に坐し、千の花びらの上に千の釈迦牟尼仏が坐していて三乗の教えを説き、さらにひとつの花びらの上に百億の国があって、その国ごとに応化の仏がいる、と説くものです。毘盧遮那仏のさとりを説くのが、第九住心で取り上げられる『華厳経』で、三乗は方便で、一乗が真実だと説くのが、第八住心で取り上げられる『法華経』です。

声聞乗・独覚乗・菩薩乗の三乗は、実体視にとらわれる凡夫を導くために、化身の仏陀である釈迦牟尼仏が説いた教えで、一乗はすでに瞑想中に空性を体験した聖者の菩薩たちを対象とした、報身（受用身）の仏陀である毘盧遮那仏の教えだ、というのが十住心の仏教理解です。

中央の仏の周りを蓮華の花弁に座す多くの仏が取り巻く姿は、密教の曼荼羅を連想させます。その境地を、言葉を使って説くのではなく、直接体験するのが、第十住心の密教になります。

空海が典拠として引用する『大日経』の教えは、次のようなものです。


秘密主よ、大乗の行というものがある。無縁乗の心を発《お》こし、法についても我性を認めない。何故かというと、彼ははるか昔に蘊の阿頼耶を観察し、すべての現象は阿頼耶識の現われであって、実体のない幻や陽炎《かげろう》、影、木霊《こだま》、旋火輪《せんかりん》、ガンダルヴァの城（蜃《しん》気楼《きろう》）のごときものだと知っているからである。（『大日経』住心品）

第七　覚心不生心《かくしんふしょうしん》——中観《ちゅうがん》の心

†目標を目指すという図式を乗り越える

八不《はっぷ》に戯《け》を絶ち、一念に空を観ずれば、心原《しんげん》空寂にして、無相安楽なり。（不生・不滅、不断・不常、不一・不異、不去・不来の八不によって戯論を断ち切り、瞑想して空性を観じるならば、心の源は空寂であり、捉える形のない、安らぎの境地となる。）

ここではナーガールジュナの『中論』や『般若心経』の「色即是空、空即是色」の教えが取り上げられます。伝統的には『中論』は『般若経』の智慧を説いたものといわれ、中国・日本の伝統ではナーガールジュナの仏教理解は、三論宗（ナーガールジュナの『中論』『十二門論』とその弟子のアールヤデーヴァ『百論』に基づくことからいう）で学ばれていました。十住心の階梯のなかで、大きな転換点となるのがこの第七、覚心不生心です。

欲望のままに振舞い、幸せを望んでかえって苦しみに陥っている第一異生羝羊心からはじまって、人間としての幸せを目指す第二愚童持斎心、天界の安楽を望む第三嬰童無畏心、さらにはそれぞれの理解力や関心に合わせて輪廻からの解放を目指す三乗の教え――第四唯蘊無我心、第五抜業因種心、第六他縁大乗心と、教えの段階を登ってきました。

しかし、第三住心で福徳を積むことや瞑想の三昧による天界の安楽が輪廻の外ではないとされたのは、それが原因によって作られたもので、原因が尽きれば失われる、一時的で有限なものでしかないからです。

それは仏教の教えにも適用されるはずで、もし解脱やさとりが目指され、得られるものだとしたら、それは天界の安楽と同様に、一時的で有限なものになってしまうはずです。

そのことを理解して、目標を目指して努力し、修行をする、という図式そのも

龍樹菩薩像（奈良国立博物館蔵）

のを乗り越えるのが、この第七住心です。

†特異な『般若心経』

広大で静かな大空を貫く一気のなかに、あらゆる形を含み、広く澄みわたる大海は、あらゆる物をひとつの水に含みます。そのことからも、一である空は百千の母であることがわかります。空は仮の有の根であり、仮の有は、実体としての有ではありませんが、現象として現われ、森羅万象として存在しています。究極には空であることは、単なる空っぽ、何もないことではありませんが、空なる本質をそなえていて、何もとどまりません。

(『般若心経』が説くように、)「色不異空」であって、諸法は現われますが、しかもそのまま空であって、「空不異色」で、様々な相は滅んでしまって、しかも有るのです。それゆえ「色即是空、空即是色」、色形はそのまま空であって、空のあらわれがすなわち色形なのです。(これは五蘊の中の色蘊(形)だけでなく、)諸法すべてに当てはまることです。そうでないものがあるでしょうか、ありません。

色と空を分けることができないのは、水とその波を別々に分けることができないようなものです。あるいは金でできた飾りを、材料としての金と飾りに分けることができないのと同様です。ですから、一でもなく二でもないといわれ、二諦《にたい》（ふたつの真理。勝《しょう》義《ぎ》諦＝究極の真理と、世俗《せぞく》諦＝相対的な真理）や四中（対偏中・尽偏中・絶待中・成仮中）ということがいわれるのです。

日本で般若《ハンニャ》というと、角の生えたお面を連想しますが、あれは嫉妬のあまりに蛇になった姿をあらわしたもので、それを般若と呼ぶのは、般若坊という面打ちが打ったからとも、般若の面を用いる能『葵上』で霊が祈り伏せられて「あら恐ろしの般若声や」と語ることに由来するともいわれています。いずれにしろ仏教の般若と直接結びついたものではありません。

般若波羅蜜は女性の姿で表わされますが、それは空性の智慧からすべての仏陀が生じるためで、「仏母」とも呼ばれます。

第四～第五までは、実体視こそが苦しみの真の原因であることが理解され、それから解放される境地として、それぞれ阿羅漢、独覚仏、仏陀の境地が目指されてきました。しかし間違いなのは実体視の方なので、そこから解放された境地は、実際には輪廻の外にあるわけではなく、今までの誤解に気づくだけのことです。空が私たちが捉える形（「色」）の外に、形とは別にあるわけではありません。「色即是空、空即是色」です。

『般若心経』は日本できわめて有名で、少し前なら僧侶でなくても、在家のおじいさん・おばあさんが、経本を見ずにすらすら暗誦することができました。最近でも、写経などに関心を持つ人も少なくありません。日本で出ている仏教書で一番多いのは、『般若心経』についての本でしょう。

では、そこに何が書かれているのでしょうか。今、日本で出ている本の多くは、小説家や学者が書いたものはもちろん、僧侶が書いたものであっても、伝統的な仏教理解とは関係なく、その人が『般若心経』を読んで感じたことを書いたものです。しかし、それは、いくら興味深いものであっても、その人の考えであって、それを仏の教えということはできません。

『般若心経』には、インド以来の伝統的な解釈があり、日本仏教の各宗派にも、それぞれの宗派の解釈が存在していました。弘法大師にも、密教の立場からの解説、『般若心経秘鍵』が存在します。

そもそも、『般若心経』に登場するのは、言葉のうえでは観自在菩薩、すなわち観音さまと、舎利子、すなわち釈尊の高弟のシャーリプトラ（シャーリは母親の名前で、プトラは子供の意。すべて音写して舎利弗《シャリホツ》とも）の二人だけで、釈尊は登場しません。通常、お経は「如是我聞《によぜがもん》」、私はこのように聞きました、というところからはじまるのですが、それもありません。『般若心経』は、きわめて特異な形式、内容の経典です。

†なぜ『般若心経』は特別視されるか

『般若心経』は大乗仏典で、中国・日本やチベットなどに伝わる伝統では阿含経典と大乗経典の双方を認めていて、『般若心経』を重視します。それに対して東南アジアに伝わったテーラワーダの伝統が認めるのは、阿含経典のみです。ですから、テーラワーダでは『般若心経』を唱えることはなく、仏陀の教えとも認めません。

『般若心経』の内容を考えるならば、それは一見、もっともなところもあります。なぜなら、『般若心経』では「空」「無」が頻発されていますが、そこで空である、無であるとされているのは、阿含経典で重要な教えとして説かれているもの（諸法）だからです。

有名な「色即是空、空即是色」は、冒頭の「観自在菩薩、行深般若波羅蜜多時、照見五蘊皆空」の「五蘊皆空」のうち、色蘊が空であることを詳しく説いたものです。ですから、他の四つについても、「受即是空、空即是受」「想即是空、空即是想」……と当てはまります。

それだけでなく、後で無、無……とされている、眼・耳・鼻・舌・身・心、色・声・香・味・触・法の十二処（感覚とその対象）や、感覚とその対象とそこで働く心の働きの三つに分けた十八界（「無眼界乃至無意識界」の箇所は十八界が無いということを省略して説いている）、苦しみの原因が私たちの苦しみを作り出す過程と、その原因を取り除くことによって苦しみが消滅する過程をそれぞれ十二の段階で瞑想する十二支縁起、釈尊が最初に説いた苦しみとその原因、苦しみの消滅とそれに至る実践の四つの真理（四聖諦。苦・集・滅・道）すべてに当てはまります。

釈尊は一律の教えを説かず、相手に合わせて異なる教えを説いたといわれています（対機説法）。釈尊が涅槃に入ったあと、教えを聞いた弟子たちが集まって編纂したとされるのが阿含経典で、経典の冒頭が「如是我聞」、私はこのように聞きました、から始まるのは、そのことに由来します。

大乗経典は、そうやって編纂されたものに含まれていませんから、成り立ちからして、疑いをもたれても仕方のないものでした。おまけに、『般若心経』では、阿含経典で釈尊が説いている五蘊や十二処、十八界、十二支縁起、四聖諦を、空だ、無だ、といっているわけですから、こんな教えを釈尊が説くわけがない、というわけです。

しかし、実は大乗を認める伝統で、『般若心経』が特別視され、重要な経典とされてきたのも、その、釈尊が説いていない、という理由からなのです。

†さとりの境地そのものを示す『般若心経』

実は『般若心経』には短いものと、少し長いものの二種類があり、漢訳、サンスクリットともに、両方が存在しています。私たちのよく知っている、「観自在菩薩……」から始まるのは、短いほうです。

長いほうは経典の体裁を整えたもので、「如是我聞」からはじまります。釈尊はインドの霊鷲山（『般若経』や『法華経』の舞台となった山）にて瞑想中で、その境地を観自在菩薩が理解し、釈尊の高弟の舎利子に説明していて、その説明内容が、私たちのよく知っている短いものに相当します。短いものになぜ釈尊が登場しないのかを説明したもの、ともいえるでしょう。

チベット大蔵経には、インドの高僧による『般若心経』の註釈がいくつか収録されていますが、それらはいずれも長いものに対する註釈です。チベットでは、読誦にも長いものが用いられています。

仏教において、教えは症状に合わせて説かれた、病気をなおすための薬です。教えの言葉は「月を指す指」といわれ、苦しみから解放された仏陀の境地、月そのものは、言葉で説明することができない、とされてきました。空海にいわせると、それは顕教の説明で、月を言葉で表わすのが密教だ、ということになりますが。

他の経典が言葉を超えた境地に導くために言葉を用いて説かれたものであるのに対して、『般若心経』では釈尊は言葉を超えた瞑想の境地にあります。釈尊自身は教えを説かないことによって、言葉を超えた境地そのものを示している、釈尊が説いていないからこそ、インドからチベットに伝えられた伝統では、『般若心経』を特別な教えとするのです。視点や説明の仕方は異なりますが、空海が『般若心経秘鍵』で『般若心経』を密教経典だとするのも、それがさとりの境地に導くための手段ではなく、さとりの境地そのものを表わしているという理解です。

瞑想中の釈尊とその境地を説明する観自在菩薩という長いほうの『般若心経』と、インドからチベットに伝えられた解釈は、面白いことに、空海のこのあとの第八住心の『法華経』と、第九住心の『華厳経』の解釈に通じるものがあります。

それは、仏教が言葉を伝える伝統ではなく、言葉を使って言葉を超えた境地を伝える伝統で、仏教が問題にする心のメカニズム自体は、時代、地域を越えたものであるからでしょう。

仏教では、二つの真理（二《に》諦《たい》。勝義諦《しょうぎたい》／世俗諦）ということを言います。二諦については、ナーガールジュナが『中論』二十四章で取り上げていて、それもこの言葉と言葉を超えたものの関係に関わっています。

釈尊が体験した苦しみからの解放の境地は、言葉を超えたものですが、そこに人々を導くには、言葉を用いるしか方法はありません。しかしその言葉を理解しただけではだめで、そこから言葉を超えた境地に至らなければ、教えを受けた者が苦しみから解放されることはありません。釈尊はブッダガヤの菩提樹の木陰で瞑想してさとりを開いた時、私のさとった内容は他の者には理解できず、喜ばれないので、教えを説くのはやめておこうと考えたといわれていますが（梵天勧請）、ナーガールジュナは言葉を用いて言葉を超えた境地に導くことの困難さ、誤解されやすさが、教えを説くのをためらった原因だと説いています。

世俗諦（相対的な真理）とは、言葉で対象を捉える、日常意識において妥当する真理です。

それに対して、勝義諦（究極の真理）とは、言葉を超えた境地で、第六住心のところで説明したように、心が対象を捉えない、深い瞑想中に体験されるものです。

ですから、この二つの真理は別々のものを指しているわけではありません。「色不異空、空不異色」です。私たちが「色」、すなわち形を捉えるのは日常意識においてで、「空」を捉えるのは深い瞑想の境地においてです。

†仏陀の境地をあらわす「色即是空、空即是色」

第六住心のところで説明したように、瞑想中に空性を体験すると、瞑想を終えて心が再び対象を捉えても、実体としては映らなくなる、といわれています。

そうやって瞑想中と瞑想後を繰り返しながらさらに修行を進め、修行が完成した仏陀の境地においては、瞑想中と瞑想後にまったく差がなくなるといわれています。「色即是空、空即是色」は、今の私たちの世界の捉え方を言っているのではなく、仏陀の境地をあらわしているのです。

仏陀のさとりは通常の言葉を超えたものですから、『般若心経』では「掲帝《ギャティ》　掲帝《ギャティ》　般羅《ハラ》掲帝《ギャティ》　般羅《ハラ》僧掲帝《ソウギャティ》　菩提《ボジ》僧莎訶《ソワカ》」（ガテー・ガテー・パーラガテー・パーラサンガテー・ボーディ・スヴァーハー）という陀羅尼によって表わされます。

短い『般若心経』はそこで終わりますが、長いほうはもう少し続き、瞑想を終えた釈尊が観自在菩薩に対して、「その通りである」と説明の内容を承認し、集まっていた者たちが喜んだと語られます。

通常、深い瞑想中には日常意識で捉えられているものは捉えられません。私たちだったら、観自在菩薩と舎利子の会話が聞こえていたのは、二人の話が気になって集中できなかったからに他なりません。しかし、釈尊においては、もちろん違います。

瞑想中にありながら、二人の会話が聞こえていたのは、仏陀の境地が瞑想中と瞑想後にまったく差がなくなっていることを示しているのです。

「色即是空、空即是色」というのは、単純な「色」の否定ではありません。実体だと思っていたのがそうではなかったというのがさとりですから、迷いの境地と別のところにさとりがあるわけではありません。ですから、一見すべてを否定しているような『般若心経』ですが、実は何一つ否定していない、「空即是色」、すべては空の現われだ、というのが

『般若心経』です。

これは、ナーガールジュナの『中論』についても当てはまります。『中論』は、第六住心でも取り上げられている「八不《はっぷ》」（不生・不滅、不断・不常、不一・不異、不去・不来）の縁起を説かれた方として仏陀を礼讃するところからはじまります。

対象を捉える私たちの日常意識において、あらゆるものは生じ、滅します。それが釈尊の説く縁起だと、私たちは考えます。ですから、私たちの意識には、ナーガールジュナは縁起を否定している、諸法を否定しているかのように映ります。

しかし、そうではありません。ナーガールジュナは、言葉を用いて言葉を超えた境地に導く、という釈尊の選び取った方法に自覚的で、釈尊の言葉をなにか対象があるものと捉えてはだめで、それが言葉を超えた境地に導くものであることに気づかせようとしているのです。

†解放の境地を設定すること自体を乗り越える

ですから、私たちがナーガールジュナの空の教えが何かを否定していると捉えるのは、私たちの側の誤解にほかならず、ナーガールジュナは何ひとつ否定していないのです

（『中論』二十四章、『廻諍論』）。『般若心経』が「色即是空」で終わらず、「空即是色」と続くのは、そのためです。

空海は、それは「色即是空」だけでなく、その後、無・無・とされている五蘊・十二処・十八界、十二支縁起、四聖諦すべてに当てはまり、すべてが「〇即是空、空即是〇」であることを強調しています。

空性を無所得（何も捉えないところ）において観じ、概念がさらに概念を生む私たちの戯論の世界を、（『中論』冒頭で説かれる）八不（不生・不滅、不断・不常、不一・不異、不去・不来）によって乗り越えます。そのとき、煩悩魔・五陰魔・死魔・天子魔の四魔は戦わずして縛りあげられ、貪・瞋・痴の三毒は、殺さずして自ら降参します。生死はすなわち涅槃であり、そこに段階はありません。煩悩はすなわち菩提であり、そこに断つべき何かも、証すべき何かもありません。

対象をよいもの／悪いものと捉えることによって、欲しい／嫌だという気持ちが起こるのですから、実体視から解放されれば、煩悩は生じなくなり、抑える必要もなくなります。

誤解してはいけないのは、生死即涅槃、とか、煩悩即菩提といった言葉は、単純な現実肯定とはわけが違うということです。それは、対象を捉えない深い瞑想の境地で空を体験し、苦しみの真の原因である実体視から解放された時にわかる境地です。

『般若心経』を認める伝統では、それを認めない伝統があること、阿含経典に含まれていないことこそが、この教えが真の教えである証拠だといいます。

教えを薬にたとえる伝統的な比喩を用いれば、『般若心経』で説かれているのは、苦しみから解放されて病気がなおり、薬のいらなくなった境地です。それは釈尊が病気を治すために与えた薬とは違います。観自在菩薩のような聖なる存在だからこそ、その境地が理解できたのであり、説明する相手の舎利子も、煩悩を滅した阿羅漢です。対象を実体として捉えている私たちのような凡夫は、観自在菩薩のような存在を眼にすることはできず、その説明を聞くこともできません。

ですから、今の私たちがその教えを聞いて、「生死即涅槃」だ、「煩悩即菩提」だ、と考えても、それは病気の状態に「健康体」というレッテルを貼っただけで、それでは病気は少しもよくなることはありません。健康になったら薬を飲む必要はないことと、薬を飲まずに自分は健康だと思い込むことには、天と地ほどの差があります。

第一〜三住心で説かれていたのは、対象を実体として捉える私たちの物の見方に合わせた教えでした。第四以降では、その実体視こそが苦しみの真の原因であることを理解し、そこから解放されることが目指されました。

しかしここで、そのような実体視の外に苦しみからの解放の境地を設定すること自体が乗り越えようとされているのです。多くの人にとって、それは単なる現実肯定、何も改める必要はないと誤解されてしまうため、それは釈尊自身によって説かれることはなく、阿含経典にも収録されず、後の時代になって菩薩や神々の世界に伝えられていたものが、人間の世界にもたらされた、と考えられています。

この境地は、誰でもすぐに理解できるものではありません。鎌倉時代の道元が「修証一等」と言っているのは、この境地のことです。これは単に結果を期待せずガンガン修行せよ、ということではなく、目標を想定して努力する段階を超えた境地のことです。道元は坐禅は修証一等だと言っているのではなく、仏教は、目標に向かって修行する他の宗教とは異なる教えで、仏教は修証一等だと言っています（『弁道話』）。それは有と無の双方を離れた境地だとも言っています（『正法眼蔵』「仏向上事」）。

第七住心で典拠として引用されている『大日経』の言葉は、次のようなものです。

秘密主よ、彼はこのように無我という捉え方をも捨てて、心主自在になり、自分の心の本不生（生じることがないこと）をさとる。どうしてかというと、秘密主よ、心は前際も後際も得ることができないからである。このように自分の心の本性を知るのは、二劫を超えた瑜祇《ユギ》の行である。（『大日経』住心品）

これは、第七住心の末尾だけでなく、説明の中でも引用され、そこでは『大日経疏』の長文の解説が付け加えられています。

そこでは『大日経』でいう「心主」は心王のことで、心王の本性が清浄なのは、池の水の本性が清浄なようなもので、心王の上の心数（心所）の浄除は、客塵清浄であると、清浄について、本来的に清浄であることと、汚れを除いて清浄となることの二面から説明しています。

これは、『大日経疏《だいにちきょうしょ》』の引用で『勝鬘経《しょうまん》』『宝性論《ほうしょう》』『仏性論』などで説かれているとあるように、仏性（如来蔵）思想のことを言っています。

このような心の本不生をさとった無為生死の縁・因、生・滅などについては、『勝鬘経』『宝性論』『仏性論』などの中に広く説き明かされている通りです。(『大日経疏』)

仏性がわかるということ

仏性については、仏教の伝統でも誤解が多く、様々な議論があります。それが本来的に仏陀なのだから修行する必要はない、と修道《しゅどう》不要論と結び付けられるのは、中国禅においてで、空海よりも後の時代のことです。

『如来蔵経』では、仏性は、肥溜めに落とした黄金、蜂の巣のなかの蜂蜜などにたとえられています。肥溜めの中でも黄金としての性質はまったく変わりませんが、取り出して洗わなければ使うことはできません。蜂の巣のなかでも蜜の甘さは変わりませんが、蜂の巣から取り出さなければなめることはできません。これが本来清浄《しょうじょう》・客塵《きゃくじん》清浄であって、本来清浄であるものの、汚れが取り除かれないと、その清浄さはあらわにならないということです。ですから、仏性の議論は、本来は、修道不要論とは関係ないものです。

言葉の上では、一切皆空《いっさいかいくう》と一切衆生に仏性がそなわっているということは正反対のことを言っているようですが、実際には、一切皆空がわかったときに見えてくるのが、一切衆生に仏性がそなわっているということです。すべては実体ではなく空であることを理解した時、対象がなければその否定もなりたたないので、それは有ると無いの双方を超えている、ということを、別な言い方をしたのが仏性だ、ということは、『宝性論』のなかで論じられています。

伝統的に、智慧《ちえ》と福徳《ふくとく》を積んで仏陀の境地に至る、といいますが、もし仏陀の境地が何かを積んで得られるものだったら、それは作られたもの（有為《うい》）で、永遠ではないものになってしまいます。それでは苦しみの解放になりません。仏性は、仏陀の境地が作られた、したがって無常で苦なるものではないことを説明するための議論です。

智慧と福徳をつむことと、仏性の表面の汚れを取り除いて仏性をあらわにすることは、視点の違いで、実際におこなうことは変わりありません。同じことを、私たちの側から捉えるか、仏陀の側から捉えるかの違いです。

仏性のことを如来蔵ともいいますが、それは、仏陀の境地に到達したときに、一切衆生にそなわっていることが完全にわかるからです。

空性を体験して、「私」「私の」という思いから解放された時に見えてくるのが仏性ですから、実際には「私に仏性がある」という言い方は適切ではありません。

仏性がわかるときは、「私」「私の」から解放された時ですから、仏性が見えたときは、一切衆生に仏性があることがわかってきます。

『宝性論』は、チベットの伝統的理解で仏性について学ぶ際の中心的なテキストですが、そこではなぜ一切皆空を説いた後に仏陀が改めて仏性を説いたのかということが問題にされています。その理由のひとつとして、大乗の実践者が、自分は優れた存在で、劣った衆生を救う、という間違った心を持たないようにするため、ということが挙げられています。

仏性の観点からいえば、他の衆生は、彼らにも仏性がそなわっているにもかかわらず、それに気づかず、苦しんでいる存在です。そのことがわかれば、苦しんでいる衆生を見ると、自然な慈悲の心がわいてきますし、仏性が見えていれば、どうしたら取り出すことができるかもわかるようになります。それが真の菩薩の実践です。

仏教は基本的に、すでにさとりを開いた仏陀が、まださとりを開いていない私たちに合わせて、私たちの視点から仏陀の境地を目指すという方向性で説いたものです。

ちょうどマラソンのTV中継で、それまではスタート地点からゴールを目指していたのが、レースが終盤になってカメラがゴールに切り替わり、ゴールに近づく選手が映し出される、衆生の視点から仏陀の視点へと、大きく視点が切り替わるのが、この第七住心です。

このあとの第八・第九住心は、瞑想中に空を体験して、「私」「私の」という思いから解放された時に見えてくる世界が説かれます。それが仏陀の世界、浄土です。

道元は、中国禅の修道不要論について、それは誤解であり、正しい仏性の理解とは異なることをはっきり語っています。

第 5 章

空を体験した者に現われる世界

――第八住心・第九住心

敦煌莫高窟(ペリオ探検隊)華厳経変相図(部分、フランス・ギメ美術館蔵)。

第八　一道無為心《いちどうむいしん》――『法華経』の心

†『法華経』はなぜ『法華経』について語るのか

一如・本浄にして、境・智倶《とも》に融ず。此の心性を知るを、号して遮那《シャナ》と曰う。（あらゆるものは一如・本来清浄で、対象とそれを捉える智慧が溶け込み、一体となっています。この心を知る存在を、名づけて盧遮那仏と呼びます。）

第八住心では、『法華経』の世界が描かれます。『法華経』は、これからまもなく涅槃に入るという釈尊が、今まで説いた教えは実は方便で、それどころか、インドの王子として生まれ、地位を捨てて修行の道に入り、さとりを開き、これから涅槃に入ることも実は方便で、真実にははるか昔に仏陀となっていて、これからも霊鷲山に留まり続けることを明かす、という内容の経典です。

『法華経』は、日本ではとても有名で、文庫本などで手軽に現代の言葉で読むことができますが、読んだことのある人は、その内容に、少なからず当惑されたのではないでしょうか。『法華経』のなかで説かれているのは、過去の仏陀も『法華経』を説いたとか、神々たちが私は『法華経』を持する修行者を守護すると誓うとか、『法華経』を賛美する内容ばかりで、いったいどこに『法華経』の本文があるのか、そもそも自分が読んでいるのは本当に『法華経』なのだろうか？　どこか別に本当の『法華経』の教えがあるのではないか、など、疑問がつぎつぎ湧いてくるからです。

『法華経』や『般若経』の舞台となったインドの霊鷲山

映画を見ようと思ってＤＶＤを借りたら、間違えて映画本編ではなく、映画の宣伝用のＤＶ

Dを借りてしまったような気分になります。『法華経』は、釈尊が『法華経』について語っている経典なのです。

第八住心で、空海は『法華経』の内容を、『華厳経』に重ねる形で理解、解説しています。

『華厳経』は、最初の教えが説かれる前、釈尊がブッダガヤでさとりを開いた時の内的な体験を描いた経典です。そこでは瞑想中の釈尊(盧遮那仏と呼ばれている)。が宇宙大に巨大化し、様々な世界から仏陀が出現したことを知った菩薩たちが集まってきます。仏陀自身は瞑想状態のままで口は開かず、集まった菩薩のなかから仏陀の加持を受けた者が、仏陀に代わって他の菩薩たちに教えを説きます。

†報身と化身の仏陀

『華厳経』の仏陀は修行の結果として得られた姿である、報身の仏陀です。仏教では、報身の姿は、実体視にとらわれている凡夫の眼で見ることはできないとされています。宇宙大になった仏陀とは、自分と外の世界という捉え方から解放された、さとりの境地のことで、まだ実体視にとらわれている者は目にすることができません。ですから、もし仮にタイムマシーンがあって、釈尊が菩提樹の木陰で瞑想しさとりを開くところを見ることができたとしても、私たちの眼には、男性が木陰で瞑想している姿しか見えないでしょう。人間に見えているのは人間の世界です。仏の世界とは、自／他二元論から解放された世界であって、それは基本的に仏に体験され、仏に現われる世界です。

伝統的仏教理解では、私たちの眼に見える存在である釈尊は、衆生を救うためにそれぞれの衆生に合わせた姿で現われる、化身の仏陀とされています。

『華厳経』については、第九住心で詳しく扱いますが、空海は『法華経』について、『法華経』について語っている釈尊は化身の仏陀であり、その釈尊が語っている、はるか昔にさとりを開き、涅槃を示したあとも霊鷲山に留まり続ける真実の姿（久遠実成《くおんじつじょう》の仏）を、報身の仏陀と捉えています。

第六・第七住心のところで紹介したように、空を体験するのは、対象を捉えていない深い瞑想中で、瞑想を終えると、再び心は対象を捉えますが、かつてのように実体としては映らなくなるといわれています。そうやって瞑想中・瞑想後を行き来して修行を深め、最終的に瞑想中と瞑想後にまったく差がなくなったのが、修行が完成した仏陀の境地、「色即是空、空即是色」です。

すでに空を体験した菩薩たちは、実体視を離れていますが、まだ仏陀の境地には到達していないため、瞑想中の空の境地と瞑想後の対象を捉えた世界とが、完全に一致してはいません。そのため、『華厳経』では仏陀が直接菩薩たちに教えを説くことはなく、仏力を受けた菩薩が仏陀に代わって語る、という媒介を必要とするのです。

『法華経』における久遠実成の仏と、化身である釈尊の関係も同様です。報身の仏陀である久遠実成の仏が直接教えを説くのではなく、『華厳経』で仏力を受けた菩薩が他の菩薩たちに教えを説いているように、化身の仏陀である釈尊が、久遠実成の仏について語ります。

もちろん、報身と化身は、表われの違いであって、別々の仏陀ではないわけですが、凡夫は報身を眼にすることはできませんし、すでに空を体験した菩薩たちは、報身の姿を眼にすることはできますが、直接教えを聞くことはできません。ですから、『華厳経』では仏力を受けた菩薩が仏陀に代わって教えを説き、『法華経』では化身の仏陀が久遠実成の仏について語ります。

それが『法華経』が、『法華経』そのものではなく、『法華経』について語っている経典に見えるという疑問に対する、空海の答えです。

『法華経』では、釈尊が額から光を放ってほかの世界で仏陀が生まれ、さとり、教えを説き、涅槃に入るさまが照らし出される、とか、巨大な仏塔が出現し、そのなかには過去仏が坐している、とか、地面から『法華経』の教えを受け継ぎ伝える大勢の菩薩たち（地湧《じゅ》の菩薩）が出現してくる、という、まるで映画のSFXのようなシーンが続きますが、それは瞑想中に空性を体験して実体視から解放された菩薩たちにあらわれてくる、仏の世界なのです。

法華経曼荼羅図（富山県本法寺蔵）

†『法華経』の概要

『法華経』は、釈尊が、これまで説いてきた内容はすべて方便で、これから真実の教えである『法華経』を説くといい、五千の阿羅漢が退席する、という場面からはじまります。空海は、それを、孔子が五常（仁・義・礼・智・信）を説いたにもかかわらず、当時の中国の人々の多くはその教えに従わず、わずか七十人だけが堂に上って教えを信受したことに重ねて説明しています。
その受け入れがたさこそが、釈尊がさとりを開いてただちに『法華経』を説かずに、方便の教えを説いて時機が来るのを待った最大の理由です。

それゆえ、釈尊はブッダガヤでさとりを開いた際に、どのようにしたらこの真実が理解されるかと思いをめぐらして、二十一日間菩提樹のもとで観想し、さらにその後四十年間、時機を待たれたのです。
最初に、四聖諦（苦・集・滅・道）に代表される阿含経典の教えを説き、次に方等の方便としての大乗の教えを説いて、人々の人と法に対する実体視の汚れを除かれ、その後で、あらゆる植物を等しく潤す法華一乗の教えの雨を降らされました。
蓮が泥の中にあって汚されず、浄らかな華を咲かせるように、衆生の本性は浄らかです。（序品）
そして釈尊は額の白毫《びゃくごう》から光を放たれて、他の世界で仏陀たちが生誕し、成道し、説法し、涅槃に入る様を照らし出されました。（方便品）

方便として説かれた三乗（声聞乗・独覚乗・菩薩乗）は一乗に帰すもので、それは仏陀の智慧が甚深で、かつ広大であることを示しています。（方便品）
仏陀の真実の身ははるか過去に成仏した久遠実成の仏であり、釈尊はその化身としての現われであることを説かれました。（寿量品）
釈尊が教えを説いている大地が割れて、そこから宝塔が涌き出て宙に浮き、釈尊はその塔内に入って多宝仏と同坐します。（見塔品）
娑婆世界の地面が割れて、四唱の菩薩に率いられた地湧の菩薩たちが現われ、『法華経』を広めることを誓います。（従地涌出品）
釈尊は、世界を統治する転輪聖王が秘蔵している髻珠を特別な功績のあった臣下に授けるように、この『法華経』の教えを最後に説かれたのであり、（安楽行品）
無尽意菩薩が自分が頭につけていた瓔珞を観音菩薩に献じると、観音菩薩はそれを二分して、釈尊と多宝仏に献じました。（普門品）
智慧第一の舎利弗は、二乗の教えを信じてきたのが、三乗の教えが一乗に帰すと聞いて、これは釈尊が魔に変じたのでは、と疑いを持ち、（譬喩品）
等覚位の弥勒菩薩も、子供の年齢が父親よりも多いという説法を聞いて、疑問を抱き

ました。（従地涌出品）
釈尊は、この『法華経』の一実無二の真理を、出世本懐の教えとして説かれ、満足を覚えられました。（方便品）
それによって、方便としての声聞乗の羊車と独覚乗の鹿車は不要になって、一乗の大白牛車に乗って、すみやかに外に出て、（譬喩品）
龍女が龍宮を出て現われたときに、象王（釈尊）が迎えて龍女の捧げる宝珠を受けて、龍女成仏を証明されました。（提婆達多品）
菩薩の行処と親近処は、身心の安楽な室宅にいるような境地に人々を向かわせる修行であり、十如是の観法によって、修行者は止観の宮殿に入ります。
寂光浄土の多宝仏と釈尊は、同坐することによって理智不二を示し、人々の心性が清浄であることを知見し、応化の諸尊は、（『法華経』が説かれる時には宝塔を出現させ、そこに教えを説く仏陀の応化の諸尊が集まるようにという）多宝如来の行願を思い出して、それを実現するために集まります。

このように、空海は『法華経』の内容を要約しています。このような特異に見える内容は、仏教の様々な伝統で共通して釈尊のさとりの際の出来事として説かれる梵天勧請――自分がさとった内容は他の者には理解できないので教えを説くのはやめておこうと考えたこと（本書39頁）と対応しています。釈尊のさとりは言葉を超えたもので、そこに人々を導くため、様々な言葉が説かれました。それは手段であって、その言葉を超えた境地が、遥か昔にさとりを開き、このあとも霊鷲山に留まり続ける久遠実成の仏として示されたのが『法華経』なのです。

†仏の世界、阿弥陀仏の世界

『法華経』に基づいて実践をおこなうのが天台止観ですが、その境地について空海は、寂静でよく照らし、照らして寂静で、それは澄んだ水とそこに様々な姿が映し出されること、よく磨いた黄金とそこに映る姿のようなもので、水や黄金とそこに映る姿は不二であり、般若の智慧とそれが捉える境界は別々のものではなく、般若即境界、境界即般若で、その意味で無境界である。そのように自心を知るのを菩提、さとりという、と説いています。

私たちは「私は存在する」と決めてかかっていますが、よく考えてみると、どこを探しても、これが私だ、というものを見つけることができません。それを真にわかった境地において現われるのが、仏の世界ですが、捉える智慧と、捉えられる対象である仏の世界が、今の私たちのように主客二元論的に存在するのではありません。空なる智慧が空なる対象を捉える、空が空を捉えるのであり、水に水を注いだように、智慧と境涯は不二です。

仏の世界とは、仏にとって現われる世界のことで、自分と自分が捉えている対象を実体として疑わない私たち凡夫が体験している人間の世界とは異なります。もし、私たちが修行によって仏の世界を体験しようとするならば、空を瞑想中に直接体験して聖者の境地にまで到達する必要があります。それには通常、何度も生まれ変わりを繰り返して修行を続けなければなりません。

日本では、仏の世界というと、阿弥陀仏の世界である極楽往生の信仰が盛んです。これは中国やチベットにおいても同様です。

大乗の伝統では、空間に果てがない以上、仏とその世界も無数に存在すると考えます。仏の数だけ仏の世界がありますが、その中で阿弥陀仏の世界、極楽浄土に生まれることが目指されるのは、極楽が例外的に、凡夫でも生まれることができるとされているからです。

それは、阿弥陀仏が仏陀となる前に、自分が仏陀となった時は、最高の仏の世界を作り、あらゆる世界の生き物がその世界に生まれたいと心から願うなら、その願いをかなえる、という誓願を立てているからです。それが「弥陀の本願」です。

鎌倉時代の親鸞が説いた他力や悪人正機の教えは誤解を受けやすいものですが、伝統的な仏教理解から見るならば、私たちが自分の修行によって仏の世界に生まれることは不可能に近く、阿弥陀仏の世界でそれが可能なのは阿弥陀仏の誓願の働き、すなわち他力によります。

もし、自分の修行によって仏の世界を体験できる者がいたとしたら、そのような存在には阿弥陀仏の誓願は不要であり、阿弥陀仏が誓願を立てたのは、自分の修行によってはその境地に至ることができない者のためだ、というのが悪人正機の真の意味です。悪いことをしたほうが救ってもらえる、とか、よいことをしては教えに反する、ということではありません。

阿弥陀仏の誓いはあらゆる世界の衆生に対するもので、第一住心で説かれていたような悪をなす者たちも、もちろんその対象に含まれます。しかし、彼らは自分の欲望を満たすことのみを考えていて、仏の世界に生まれたいとは願わないでしょう。阿弥陀仏も本人が望まない者を、無理やり極楽に連れていくことはできません。

鎌倉時代末期の無住（一二二六〜一三一二。『沙石集《しゃせきしゅう》』『雑談集《ぞうだんしゅう》』『聖財集《しょうざいしゅう》』などの著者）

は、親鸞の教え自体は間違いではないが、教えに従う（当時の言い方では）一向宗の者は、正しい仏教理解がないため、教えを誤解していると述べています。

†『大日経』の階梯に位置づけられない『法華経』『華厳経』

第八住心の典拠として引用されている『大日経』では、次のような内容が説かれています。

秘密主よ、何を菩提というのかというと、実のごとく自心を知ることである。秘密主よ、このアヌッターラサンミャクサンボーディ（無上正等覚）、あるいは彼の法には、少しも得られることがない。なぜかというと、虚空の相が菩提だからである。知られるなにかもなく、明らかになるなにかもない。なぜかというと、菩提は無相だからである。秘密主よ、諸法は無相である。虚空の相である。

その時に金剛主がまた仏陀に申し上げて、世尊、誰が一切智を尋ね求めるのですか、誰が菩提のために正覚を成ずるのですか、誰がその一切智智を発起するのですか、と尋ねると、仏陀が説かれるのに、秘密主よ、自心に菩提および一切智を尋ね求めるのである。なぜかというと、本来清浄であるために、心は内にもなく、外になく、その中間にも心は得られない。

秘密主よ、如来応正等覚（仏陀）は青でなく、黄でなく、赤でなく、白でなく、紅でなく、紫でなく、水精《すいしょう》色でない。長くなく、短くなく、丸でなく、四角でなく、明るくなく、暗くなく、男でなく、女でなく、男でも女でもないものでもない。

秘密主よ、心は欲界と同性ではなく、色界と同性ではなく、無色界と同性ではない。天・龍・夜叉・乾闥婆（ガンダルヴァ）・阿修羅・迦楼羅（ガルーダ）・緊那羅・摩睺羅伽・人・非人の世界と同性でない。

秘密主よ、心は眼界に住することなく、耳・鼻・舌・身・意界に住することもない。見ることではなく、現われでない。なぜかというと、虚空相の心は様々な分別と無分別を離れているからである。どうしてかというと、その性が虚空と同じなので、心と同じだからである。性が心と同じであれば、すなわち菩提と同じである。

このように、秘密主よ、心と虚空界と菩提の三つは無二である。これは悲の心を根本として方便波羅蜜を満たしている。

このゆえに秘密主よ、われが諸法をこのようであると説いている。それはもろもろの菩薩衆の菩提心を清浄にしてその心を理解させようとするためである。

秘密主よ、もしカーストの男、ないし女が菩提を知ろうと思うならば、このように自心を知るべきである。秘密主よ、どのように自心を知るかというと、分段（部分に分ける）、あるいは現われ、あるいは形、あるいは境界、あるいは色・受・想・行・識の五蘊、もしくは我（私）、もしくは我所（私のもの）、もしくは捉える主体、もしくは捉える対象、もしくは界、もしくは処、一切の分段したものの中に求めても得られない。

秘密主よ、この菩薩の浄菩提心門を初法明道と名づける。（『大日経』住心品）

これは、『大日経』住心品からの引用ではありますが、これまでの各住心における引用に続く箇所ではありません。第七住心における引用は、第十住心の密教における引用につながっています。

『法華経』も、次の第九住心で取り上げられている『華厳経』も、経典自体はインドにおいて存在していましたが、それを所依とする法華宗（天台宗）・華厳宗というものが成立したのは、中国においてです。ですから『大日経』住心品そのものの階梯的な説明のなかには、『法華経』や『華厳経』は直接には位置づけられていません。

空海はこの引用について、これは法身真如、一道無為を示すもので、顕教では、これは最高の法身のことを言いますが、密教ではこれが初門になると説いています。仏教では実体視を離れて空性を体験することが目指されますが、空性の体験がゴールではなく、そこから仏身をあらわすのが密教の世界です。『大日経』の引用はもうひとつあり、それはあとの第十住心での引用に続く箇所です。

いわゆる空性は根境を離れて相もなく、境界もない。様々な戯論《けろん》を超えて虚空に等しい。有為・無為界を離れ、様々な造作を離れ、眼・耳・鼻・舌・身・意を離れる。(『大日経』住心品)

この箇所が『法華経』と結びつけられるのは、『大日経疏』の註釈において、修行者がこの境地に留まるとき、報身である久遠実成の仏と、化身である釈尊が教えを説くこの場所で上行菩薩をはじめとする地湧の菩薩たちが出現するのを同時に見ることができる。しかし、段階的な修行をおこなう者は、次の生で仏となる一生補処《ふしょ》の菩薩であっても、それを見ることができないと、ここで説かれていることが『法華経』の内容と結びつけて論じ

版画霊山変相図（国宝釈迦如来立像納入品。京都府清凉寺蔵）

られているためです。

最澄が中国から持ち帰った天台の教えは、瞑想修行（止観）のなかでこの境地を体験することを目指すものです。それに対して鎌倉時代の日蓮（一二二二〜一二八二）は、天台智《ち》顗《ぎ》（五三八～五九七）の教えを不十分であるとして、仏の世界はこの世に打ち立てなければならない、と説きました。それは物の見方に苦しみの原因を見て、修行によって物の見方を変えることで苦しみからの解放を目指す仏教の発想とは異質なところがありますが、多くの人にわかりやすく、京都の町衆など世俗の価値観を追求する人たちに支持されました。明治以降の仏教にとっての苦難の時代において、活発に活動をおこなったのは、キリスト教的に読み替えられた浄土真宗と、日蓮系の団体です。

様々な日蓮系の団体が生まれました。現代のアメリカ社会でも、瞑想中心のテーラワーダやチベット仏教、日本の禅に関心を寄せるのは、主に白人の富裕層で、黒人やヒスパニックに熱心に布教しているのは日蓮系の団体だといわれます（ケネス・タナカ『アメリカ仏教』）。

第九　極無《ごくむ》自性心《じしょうしん》──『華厳経』の心

水に自性なし。風に遇って即ち波だつ。法界は極に非ず。警《いまし》めを蒙って忽ちに進む。

（水には決まった本性というものがありません。鏡のような水面も、風に会えば波立ちます。すべてが静まった法界は究極の境地ではありません。仏から呼びかけられ、さらにそこから進みます。）

†仏教の教えの二つの意味

第九住心の名称である「極無自性心」は、典拠である『大日経』の引用に出てくる言葉で（182頁参照）、『大日経疏』の注釈では、「この極無自性心という一句に、ことごとく『華厳経』を摂し尽くす」と説かれています。空海は第九住心の冒頭で、この境地をあらわす「極無自性心」には、表面的な意味と秘密の意味の二つがあると述べています。

『十住心論』においては、各住心について、顕教の意味と密教の意味が説かれていますが、『秘蔵宝鑰』においては、前者のみが紹介されています。なぜ、仏教の教えに表面的な意味と密教的な秘密の意味があるのかについては、密教を扱う第十住心のところで論じます。

†『華厳経』の概要

『華厳経』は、釈尊が自分がさとった内容は他には理解できず喜ばれないので、教えを説くのはやめておこうと考え、梵天たちが教えを説くことを願って、考えを改めたという、さとりを開いて二十一日目の梵天勧請よりも前、十四日目の教えとされています。

盧遮那仏がはじめて成道された時、二×七＝十四日目に普賢菩薩などの様々な大菩薩たちと、この極無自性の義を談じられました。これがすなわち『華厳経』です。その内容は、蓮華蔵世界全体を家として、法界を国とするものです。教えを説いた場所は七処で、そこで合計八会の教えが説かれました。

『華厳経』は、仏陀が、海が空《そら》のすべてを映し出すように、一切の事象が顕わになる海印定の瞑想の境地に入って、法性の円融を観じられ、その境地から示されたものです。

（賢主品）

人々に教えを説かれる前に、ちょうど太陽が麓を照らす前に山の頂きを照らすように、高い境地の菩薩たちに、心と仏が別でないことを示されました。（性起品）

過去・現在・未来をそれぞれ過去・現在・未来に分けた九世を一刹那に包摂し、一念を何劫にも伸ばされて、私たちの時間認識を超えた境地を示されました。（離世間品）

一と多が相入し、理と事が相通ずることを示され、（盧遮那品・仏不思議法品）

お互いがお互いを映しあう帝釈天の珠網や、転輪王の錠光波璃《じょうこうはり》珠《しゅ》のたとえで、すべてが重々無礙で隠顕自在であることを示されました。（小相品）

善財童子は文殊菩薩のもとで仏陀の境地を目指す菩提心をおこし、普賢菩薩に帰依してさとりを開かれました。その間、三生にわたって修行し、百の都市に善友（師となる菩薩たち）を訪ねました。（入法界品）

一つの行にすべての行が包摂され、（普賢菩薩行品）

煩悩ひとつを断じることによって、すべてを断じます。（小相品）

初発心《しょほっしん》においてさとりを得、十信・十住・十行・十廻向・十地の五位の最初の十信位において道を完成されるといいますが、因と果とが別々にあるわけではないものの、五位の階梯を上っていき、修行によって獲得する如来の十身（菩薩身・願身・化身・加持身・相好荘厳身・威勢身・意生身・福徳身・法身・智身）はすべて、盧遮那仏一仏に帰します。これが華厳三昧の大意です。

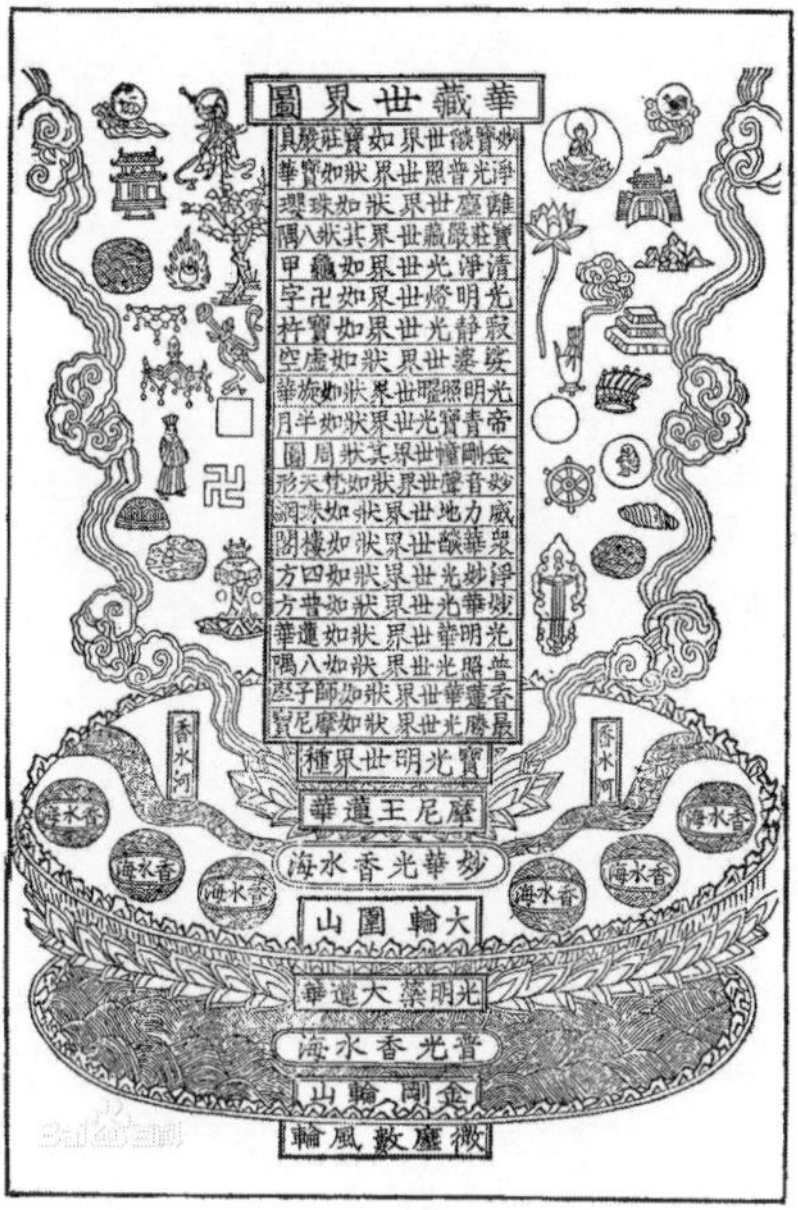

華蔵世界図

『華厳経』では七処八会、七つの場所で八回にわたって教えが説かれています（六十華厳）。

・第一会　寂滅道場会（世間浄眼品・盧遮那品）
・第二会　普光法堂会（如来名号品・四諦品・如来光明覚品・菩薩妙離品・浄行品・賢首菩薩品）
・第三会　忉利天宮会（仏昇須弥頂品・菩薩雲集妙勝殿上説偈品・菩薩十住品・梵行品・初発心菩薩功徳品・明法品）
・第四会　夜摩天宮会（仏昇夜摩天宮自在品・夜摩天宮菩薩偈品・功徳華聚菩薩十行品・菩薩十無尽蔵品）
・第五会　兜率天宮会（如来昇兜率天宮一切宝殿品・兜率天宮菩薩雲集讃仏品・金剛幢回向品）
・第六会　他化自在天宮会（十地品・十明品・十忍品・心王菩薩問阿僧祇品・寿明品・菩薩住処品・仏不思議品・如来相海品・仏小相光明功徳品・普賢菩薩行品・宝王如来性起品）
・第七会　普光法堂会（離世間品）
・第八会　逝多林会（入法界品）

第一会の寂滅道場会では、釈尊（ここでは盧遮那仏と呼ばれる）がブッダガヤでさとりを開き、そこに菩薩や神々が集まって、讃嘆します。

第二会の普光法堂会では、ブッダガヤの普光法堂で他方世界から来集した菩薩に取り囲まれ、菩薩たちは仏陀の境地に至る階梯について知りたいと思います。

第三会〜第六会では、仏陀はその座をたたないまま、天界に登り、そこに集まった菩薩たちに対して、仏力によって十信・十住・十行・十廻向・十地……といった仏陀の境地に至る階梯が解き明かされます。

第七会では、再び地上の普光法堂において、普賢《ふげん》菩薩が普慧菩薩の問いに答える形で、一行に一切を具し、一切行に一行を具し、自他平等、彼此円融する仏陀の境地が説かれます。

私と私が捉えている世界を実体視して疑わないのが、仏教の考える苦しみで、過去・現在・未来というのも、私が捉えている捉え方でしかなく、過去も未来も、現在も、探してもこれこそがそれだというものを示すことができません（第七住心）。ですから、さとりに至る階梯というのは、さとった側から見れば（一瞬というのも実体ではないので、これも比喩的な言い方でしかないのですが）一瞬であるともいえるのです。

華厳海会善知識曼荼羅図（奈良県東大寺蔵。「入法界品」で善財童子が訪ねた師たちを描く）

第八会は祇園精舎《ぎおんしょうじゃ》で、善財童子《ぜんざいどうじ》の求法遍歴、文殊の勧めにより様々な菩薩を尋ね、五十三人の師から教えを授かる旅が描かれます。仏陀から見れば一瞬であっても、私たちがそこに至るためには、すでに言葉を超えた境地を体験した師にめぐり合い、教えを授かり、それを実践することによって身につけていくことを続けていくほかないのです。

江戸時代の東海道五十三次、東海道に五十三の宿場町が設けられたのは、この『華厳経』「入法界品《にゆうほつかい》」に基づくといわれています。

†さとりを開いた仏陀の側からの視点

私たちの心は煩悩によって常に波立っています。仏陀はその波が完全に収まった状態で、鏡のような海面はすべてを映し出します。仏陀は一切智者といわれますが、私たちが身近なことは知ることができても、遠くのことは知覚できないのは、私中心の捉え方をしているためです。ですからそれから解放された仏陀は、すべてを知ることができるのです。

この教えは、人々に初転法輪の教えが説かれる前の教えで、集まった菩薩たちに対して説かれたものですが、それは日が昇るとき、まず山の頂上が明るくなって、そのあとで平地が明るくなるようなもので、太陽自身には、山頂を照らしてやろうとか、平地は後にしようという分別があるわけではありません。

月は大きな大海だろうと、コップの中の水だろうと、小さいから入りきらないということなく、それぞれの水に合わせて姿を映します。『華厳経』の教えを聞くことができたのが菩薩たちだったのは、月の側に問題があるからではなく、私たちの心があまりにも波立ち、濁っていて、月を映し出すことができなかったからなのです。

分別（概念的把握）を超えた仏陀の境地は、『華厳経』では帝網《たいもう》（インドラの網）や錠光波璃珠のたとえで説かれています。

しかし一瞬にすべての修行が含まれるというのは、さとりを開いた仏陀の側から言えることであって、私たちの側から見て一瞬で仏陀になることができる、ということではありません。

「初発心の時、便《すなわ》ち正覚《しょうがく》を成ず」という言葉は、『華厳経』の教えをよくあらわしているといわれています。

この言葉は、仏陀の境地を目指す私たちの側から見るならば、仏陀の境地を目指そうと菩提心をおこし、修行の結果仏陀になるわけですから、発心がさとりの芽で、それが成長したのがさとりだという意味になります。一方、仏陀の側から見るならば、過去・現在・未来という概念的な捉え方から解放されたのが仏陀の境地ですから、菩提心をおこしたその瞬間がさとりだ、ということもできるのです。言葉として考えるならば、矛盾したことを言っているように見えますが、それぞれ概念的思考の側と概念的思考を超える側から実践を捉えたものであり、矛盾しているわけではないのです。

仏教の基本性格として、さとりを開いた仏陀が、まださとりを開いていない私たちに合わせて、さとりを目指すものとして教えを説く、ということがあります。仏陀自身はゴールにいるわけですが、教えはスタートラインからゴールを目指すものとして説かれるのです。これが仏教の基本構造で、凡夫のための三乗の教えでは、基本的に私たちの目線で教えが説かれ、仏陀の側の視線は隠されています。

それに対して、仏陀の側の視点の存在が示されているのが、『法華経』や『華厳経』で、空海はすでに瞑想中に空性を体験した初地〜十地の菩薩たちに対する、報身の仏陀の教えとして捉えています。

第四〜第六住心では、解脱や仏陀の境地が目標として目指され、第七住心の中観の教えでは、輪廻と涅槃の無別、苦しみからの解放は私と私が捉えている世界の実体視からの解放によって果たされるのだから、輪廻の外に解脱や涅槃の境地があるわけではなく、自分の捉え方が変わるだけなのだ、ということが説かれていました。

第八住心や第九住心の世界では、「色即是空」、日常意識で捉えられる世界と深い瞑想の境地で体験される空性が別ではない世界が、仏の世界として描かれます。しかし、言葉を超えた境地にある、教えを説かない仏陀と、それを言葉にする菩薩たちには、「色」と「空」を分ける視点がわずかに残っています。

空性を体験した菩薩たちは、瞑想中における空性と、瞑想を終えて再び意識が対象を捉える世界を行き来しながら修行を進め、修行が完成された仏陀の境地においては、瞑想中と瞑想後の差がまったくなくなる、といわれています。

†心の仏

近くて見難いのは我が心であり、微細にして空に遍満しているのは我が仏です。我が仏は概念的に理解することはできません。我が心は広にして亦《ま》た大なり。……奇であるなかの奇、絶の中の絶であるのは、自心の仏でしょうか。

『華厳経』では「仏と心と衆生と、是の三つは差別なし」と説かれています。心の仏とは、私が対象的に捉える「私の」心ではありません。「私」「私の」は分別する心の働きで、それから解放されたのが（チベットの伝統で「心の本質」と呼ばれる）心の仏です。

『華厳経』で盧遮那仏は瞑想の境地にあり、基本的に自ら教えを説くことはせず、教えを説くのは仏の加持を受けた菩薩たちです。第八住心のところで紹介したように、自ら教えを説かないのが、報身の仏陀です（「心境絶泯して常寂の土なり。語言道断して、遮那の賓なり」）。

空海は第九住心のまとめの偈で、「此の宮に入ると雖も、初発の仏なり。五相成身《ごそうじょうじん》追って尋ぬべし」と説いています。これについて、『十住心論』では詳しい説明がなされています。

密教経典である『金剛頂経《こんごうちょう》』には、さとりを開く前の釈尊（一切義成就菩薩《いっさいぎじょうじゅ》。一切義成就は、釈尊のさとりを開く前の名前であるシッダールタを訳したもの）が完全な沈黙の境地に留まっている時に、諸仏が弾指《だんし》して目を覚まさせて、虚空と等しき広大な仏陀の心が生じ、そこから第十住心で説かれる仏陀の身体を完成させる方法、五相成身観が説かれます。

第八住心までの教えで、言葉で説かれた教えを媒介として、釈尊がさとりを開いた時に、他人には理解できないので教えを説くのはやめておこうと考えた、沈黙の境地にまで到達しました。その境地から目覚めさせるところからはじまるのが密教の実践です。

『華厳経』では、「初発心の時に等覚を成ず」、仏陀の境地を目指す菩提心が生じたその時に仏陀の境地に到達する、と説かれています。それにこの『金剛頂経』の内容を重ね合わせ、『華厳経』が顕教の到達点の教えであり、同時に『金剛頂経』で説かれる目覚め、仏陀の体を獲得していく密教の実践の出発点でもある、というのが、空海の『華厳経』理解です。

次は典拠とされる『大日経』の引用です。これは第八住心でも引用されていたものに続けて、『華厳経』の内容を集約する「極無自性心が生じる」という箇所までを引用したものです。

いわゆる空性は根境を離れて相もなく、境界もない。様々な戯論を超えて虚空に等しい。有為・無為界を離れ、様々な造作を離れ、眼・耳・鼻・舌・身・意を離れて、極無自性心が生じる。（『大日経』住心品）

第６章

言葉を超えたさとりの境地が直接示される段階
――第十住心

高野山・根本大塔内陣。

密教の曼荼羅を表現。胎蔵大日如来の周囲を金剛界の四仏が取り囲み、16本の柱に十六大菩薩が描かれる。

第十　秘密荘厳心《ひみつしょうごんしん》——密教の心

†密教と灌頂

顕薬は塵《ちり》を払い、真言は庫を開く。秘宝忽《たちま》ちに陳じて、万徳即ち証す。（病を治すための顕教の薬は、真実の宝庫の前の塵を払うもので、真言乗はその倉を開くものです。秘宝が直ちに並べられ、あらゆる徳を身につけます。）

ようやく第十の密教のところまでたどり着きました。仏陀のさとりそのものは、言葉を越えたもので、それを直接言葉で伝えることはできません。第一～第九までの顕教の教えでは、言葉を用いて言葉を超えた境地に導こうとすることがおこなわれています。それに対して密教は、言葉を超えた境地をダイレクトに師から弟子へと伝える教えです。そのためにおこなわれるのが灌頂《かんじょう》という儀式です。師はすでに言葉を超えた境地を体得している必要があり、弟子をその境地に導きいれて、一時的に体験させるのが、灌頂の目的です。灌頂については、『秘蔵宝鑰』冒頭の概説部分に説明があります。ここでは伝統を踏まえた加藤純隆・精一訳『空海「秘蔵宝鑰」――こころの底を知る手引き』の解説的な訳で紹介することにしましょう。

第一の本能のままの住心から、次第に第九の住心に進んで来ると、心の内と外に付着していたよごれもすっかり精錬されて、私達の心に本来そなわっていた曼荼羅の荘厳がようやく開くのです。

さて密教の世界に入るには、まず良き師に出遭い、その教えを深く信受して修法することが大切です。道場に入るにあたり、右の目で麼《マ》の字を想い、左の目で吒《タ》の字を想い、この二字が太陽と月となったと想いなさい。こうすることによって、いままで無明におおわれていた夜の闇は破りすてられ、新しく目を見開くと、ここに自分自身が金剛薩埵《こんごうさった》、つまり密教の正統の後継者であることを自覚するのです。

(「心外の礦垢次《ここ》に於て悉く尽き、曼荼の荘厳是の時に開く。麼・吒の恵眼は無明の昏夜を破し、日・月の定光は有智の薩埵を現ず。」)

密教の曼荼羅では、中央の仏を周囲の仏が取り巻いていますが、これは自／他の二元的把握を超えた境地を象徴的にあらわしています。私たちにとっては、私の外に広がる世界は自分ではありませんが、本書の冒頭から述べてきたように、自分がいて自分が捉えた通りの世界があるということが、伝統的な仏教の考える苦しみの真の原因です。ですから、苦しみから解放された境地においては、自／他の二元的把握はありません。

また、その境地は修行によって何か新しく獲得されるものでもありません。釈尊は阿含経典のなかで、「作られたもの（有為）は、苦であり無常であり、実体ないもの（無我）である」ということを、繰り返し説いています。これが仏教の大原則です。言葉としては修行をして仏陀の境地に至る、成仏する、という言い方をすることがありますが、もしそれが本当に新たに獲得されたものであるならば、作られた無常なものになってしまいます。それでは、苦しみからの真の解放になりません。

第七住心の後半で『大日経疏』の引用で語られていたように、学習と修行によって空の境地を獲得するというのは、私たちの視点から見た説明で、実際には自分の間違った物の見方から解放されるわけですから、空は本来そなわっている境地です。それを仏性といい、

チベットの砂曼荼羅（高野山大学蔵）

仏から見て本来そなわっていることがわかるもの、如来蔵ともいいます。

空を体験するために学習や修行を積み重ねることは、仏陀の側から見るならば、本来そなわっている仏性を覆い隠している汚れを取り除く作業になります。

また、誰でも形式的に灌頂を受けさえすれば、修行をせずともその境地を体験できるということにはなりません。仏性は一切衆生にそなわっていますが、それを覆い隠している汚れの分厚さは、人によって異なります。ですから、灌頂を受ける際には、その人の資質や、師との縁がきわめて重要になってきます。

多くの場合、灌頂を受けた後に修行が必

要とされるのは、灌頂の時の一時的な体験を反復することによって、それをはっきりしたものにさせるためです。ですから、灌頂を受けることなしに密教の修行をおこなうことは厳しく禁じられ、仮に実践したとしても、正しい効果は得られないと言われています。

この境地を、まだ体験していない人のために象徴的に表わしたのが、日本の胎蔵界や金剛界の曼荼羅や、チベットの砂曼荼羅です。それらは本来、灌頂の儀式に用いるためのものです。

†密教と言葉の関係

顕教では、果分不可説——さとりの境地は言葉で言い表わすことができないものとされているのに対して、密教では果分可説——さとりの境地を言葉で表わすことができる、といわれます。このことには若干の補足説明が必要です。

仏教の伝統では、教えの言葉を「月を指す指」——月そのものを表わすことはできず、それを指す指でしかない。示された者は指を見るのではなく、指で指された月を見なければならない、と言います。このたとえを使って説明しましょう。

まだ言葉を超えた境地を体験していない段階において、月を指す指は、まだ見ていない月を探すための手がかり、ヒントのようなものです。

しかし、自分が言葉を超えた境地を体験した――自分が実際に月を見たならば、どの指も月を指しているものであることがはっきりわかります。そこでは指はヒント、手がかりではなく、月を言い表わしたものになります。それが密教では果分可説とされていることの意味です。

灌頂を受けて実際に言葉を超えた境地を体験することによって、初めて言葉とそれが指さしているものの関係がはっきり結びつくのであって、それがなければ何もわかりません。ですから密教は公開ではなく、秘密の教えとされているのです。

『十住心論』と『秘蔵宝鑰』との違いのひとつとして、『十住心論』は九顕十密、第一住心から第九住心までの顕教の教えも、密教の教えでもあるとするのに対して、『秘蔵宝鑰』は九顕一密、第十住心だけを密教の教えとする、と言われますが、それも同じことです。

まだ灌頂を受けて密教の門に入っていない段階では、第一〜第九住心の顕教の教えは、まだ見ていない月を指す指、言葉を超えた境地に導くための手がかり、ヒントです。

しかし、灌頂を受けて言葉を超えた境地を体験し、自分が実際に月を見たならば、第十住心の教えだけでなく、すべての教えが月を言い表わしたものであることが理解できるようになります。それが『十住心論』は九顕十密、すべての教えが密教でもある、ということの意味です。

典拠とされている『大日経』は密教経典ですから、言葉を超えた境地を体験した観点からの教えが含まれています。しかしそれは、まだ体験していない人にはたとえ説明したとしても、意味がわかりませんから、『秘蔵宝鑰』では引用されてはいるものの、その説明は省略されています。それが『十住心論』と『秘蔵宝鑰』の違いのひとつです。

『大日経』で、教えを説いているのは大日如来で、教えの聞き手である「秘密主」は、大日如来と同体である金剛薩埵です。空海が恵果阿闍梨から受け継いだ密教の教えは金胎両部、『金剛頂経』で説かれる金剛界曼荼羅と『大日経』で説かれる胎蔵曼荼羅を表裏一体のものとするものですが、大日如来の心から生み出された周囲の仏の代表とされるのが、金剛薩埵です。

ですから、他の教えが仏がまだ仏になっていない者に対して説く教育的配慮の教えであるのに対して、密教は仏が自身である仏に対して説いた「自受法楽」、さとりの境地を直接指し示した教えとされています。

密教は言葉を超えた境地を直接弟子に伝えるものですから、灌頂において、師は大日如来に他ならず、曼荼羅の中に入った弟子は金剛薩埵に他なりません。自己を曼荼羅の中の金剛薩埵として見出した時が、言葉を超えた境地が師から弟子へと伝わった時なのです。

†ナーガールジュナの謎

空海は『秘《ひ》密《みつ》曼《まん》荼《だ》羅《ら》教《きよう》付《ふ》法《ほう》伝《でん》』で、自分が受け継いだ密教の系譜と、その系譜の師たちについて語っています。

密教僧の姿のナーガールジュナ（龍猛）像
（福岡県正覚寺蔵）

『金剛頂経』の系譜は、大日如来－金剛薩埵からはじまり、人間で最初に受け継いだのは古代インドのナーガールジュナであるとします。龍樹と訳すことが多いのですが、空海は龍猛《りゆうみよう》という新訳を用いています。

ナーガールジュナは『中論』の著者で、大乗仏教を確立した存在として知られています。その教えは中国・日本と、チベットに伝わっていますが、チベットの伝記の特色として、ナーガールジュナを六百年生きたとすることが挙げられます。

これはよく、同名の後期密教の修行者であるナーガールジュナを『中論』の著者と混同した、と説明されることが多いのですが、話はそれほど単純ではありません。

学問的には後期密教よりも前の中期密教とされる教えを受け継いだ空海も、その密教の系譜はナーガールジュナからきたものだと言っていますし、留学先の中国であったインド出身の阿闍梨や波羅門たちから聞いた話として、ナーガールジュナの密教の弟子であるナーガボーディ（龍智）が今も生きていて、南インドで教えを説いているという説を紹介しています。

インドの後期密教の修行者たちの伝記『八十四の成就者の伝記』（翻訳『八十四人の密教行者』）のナーガールジュナ伝には、ナーガールジュナが不死を獲得した存在で、親交のあった南インドの王もナーガールジュナと同じ日の生まれで、ナーガールジュナが死なない限りその王も死なないため、自分が王位に就くことができないと憂いた王子がナーガールジュナの許に行き、ナーガールジュナにナーガールジュナを殺す方法を尋ねる、という変わった話が記されていますが、同じ話は、空海よりも前の時代にインドを訪れた玄奘が記した『大唐西域記』に、インドで聞いた話として紹介されています。

　玄奘はナーガールジュナの弟子であるアールヤデーヴァ（提婆）の教えをインドで百歳を超えるという老僧から受けたと語っていますが、空海はそれをナーガボーディと考えています。

南天鉄塔に入ろうとするナーガールジュナ（龍猛）の図
（伊原照蓮『真言祖師行状記』大本山成田山新勝寺）

　時代の異なる同名のナーガールジュナを混同したのではなく、（それが事実かどうかはともかくとして）空性を直接体験して不生の境地を獲得すると、不死に近い存在になるという考えがあり、それに基づいてこれらの伝承が生まれたと考えるべきでしょう。

　空海は、『秘密曼荼羅教

付法伝』のなかで、ナーガールジュナが密教の教えを授かりたいと思い、南天竺の南天鉄塔を訪ねて、塔の周りを真言を唱えてまわり、扉を打ったところ、扉が開き中の様子を窺うことができ、金剛神が中に入れまいとするのに対して、密教の教えを受けたい旨を語って中に入り、『金剛頂経』を授かった、と語っています。

そうやって金剛薩埵からナーガールジュナ（龍猛）へと教えが伝わり、さらにナーガボーディ（龍智）‐ヴァジュラボーディ（金剛智）へと教えは伝わり、インドを訪れたこともある不空金剛（アモーガヴァジュラ）、さらに恵果へと伝えられたのが、空海が中国で授かった密教の系譜でした。『大日経』の系譜については、いくつかの説があります。

†ナーガールジュナの引用からなる第十住心

空海は『秘蔵宝鑰』で、『大日経』とその註釈書『大日経疏』と並んで、ナーガールジュナの著とされる『菩提心論』を重視して引用しています。これは、『十住心論』には見られないものです。第七住心以降では、ナーガールジュナの著とされる『釈摩訶《しゃくまか》衍論《えんろん》』も引用されています。

『菩提心論』は菩提心の実践という観点から、様々な教えを階梯的に整理し説くもので、同種の教えがチベットにも伝わり、中には『菩提心論』と同じものではありませんが、ナーガールジュナの著書とされる『菩提心釈』も存在し、チベットの伝統で重視されています。これらは密教行者の（同一人物であるとする伝統的理解に従うならば、密教修行者であった時代の）ナーガールジュナの著作です。

空海の師である恵果の密教の師である不空訳とされる『菩提心論』の特色として、最後に三摩地《サンマジ》の菩提心として、密教の教えを説くことがあります。『秘蔵宝鑰』の第十住心の教えは、空海自身の説明がほとんどなく、大半がこの『菩提心論』の三摩地の菩提心の箇所の長文の引用からなっていて、これも『十住心論』には見られない『秘蔵宝鑰』の特色のひとつです。

そこでは月輪《がちりん》観、金剛界三十七尊曼荼羅の解説、阿《ア》字の意味、『金剛頂経』で一切義成就菩薩（出家する前の釈尊の名前であるシッダールタ王子の翻訳）が仏陀となった際の修行法として説かれている五相成身観などの実践的教えが説かれています。

そのあと、問答形式で、その意味の解説を求める質問者に対して、密教は非常に深い内容で、ふさわしくない者がそれを聞くと疑いをおこして謗法の罪をおこすため、灌頂を受けていない者にはけっして説いてはならない、ということが、『金剛頂経』の引用の形で

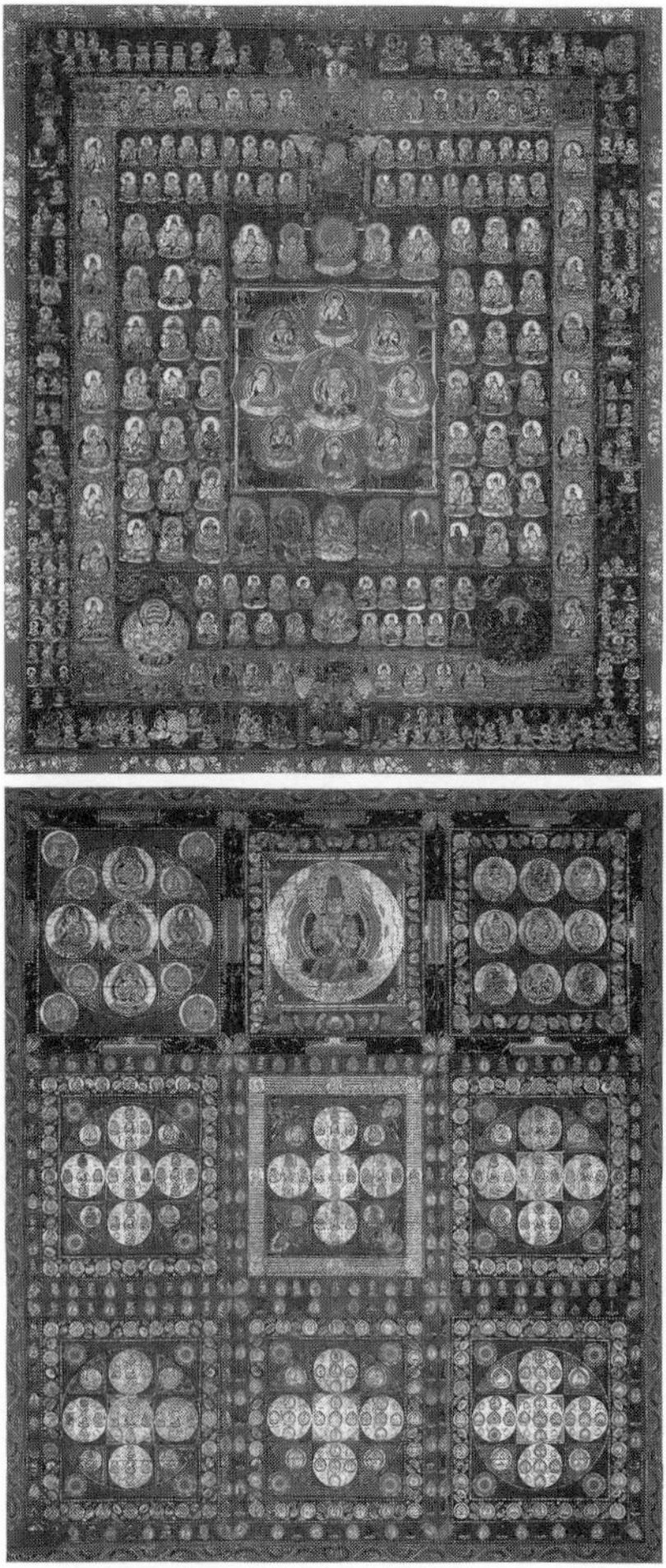

胎蔵・金剛界曼荼羅（国宝両界曼荼羅図、東寺蔵）

示されています。

この大日如来の瞑想の境地である三摩地の法は、まだ灌頂を受けていない者に対しては、一字たりとも説いてはならない。また本尊の儀軌や真言は、同じく教えを受けた修

——行者に対しても、たやすく説いてはならない。もし説くならば、今生においては若死をして、来世は無間地獄に落ちるであろう。（金剛頂経）

現在でも、真言宗では、この部分については灌頂をまだ受けていない者には解説をおこなわない、と聞いています。すでに述べたように、密教の修行法は、灌頂を受けて言葉を越えた境地を体験したことを前提とするもので、それがなければ役に立ちません。ですので、ここでは空海の教えに従って解説はおこなわずに、代わりに『十住心論』で説かれている法身説法について見ることにしましょう。

†空海の説く「法身説法」とは

すでに師から弟子に教えを授ける系譜については承りました。最初の説き方はどのようなものでしょうか。

『大日経』にいう、「秘密主よ、無上正等覚（アヌッターラサンミャクサンボーディ。菩提）を完成した一切智者、一切見者は、世に出でたもうて、しかもみずからこの法をもって種々なる道を説き、種々の願い求めにしたがって、ないし種々の衆生の世界の音声をもって、加持によって真言の実践を説きたもうた」と。

これを註解していう、「この意味するところは以下の通りである。如来がみずから証《さと》られた法の本体（法体）は、仏が自ら作ったものでもなければ、他の天人が作ったものでもない。万象はあるがままにして永遠であって、しかも加持神力によって世に現われ、衆生を利益したもうのである。

いま、この真言秘密の身体・言葉・意《こころ》（身・口・意）は、法身大日如来の平等の身体・言葉・意である。しかも加持の力によって、世に出現し、生けるものを利益したもう。

如来のさわりなき知見は、すべての人びとの心の連続性の中にあって、おのずから成就していて欠けることがない。

この真言の本体の相において、真実の通りに覚っていないことをもって、その人を生死の中の人と名づける。

もし、よく自《みず》ら知り、また自ら見るときは、一切智者・一切見者と名づける。

そうであるから、このような知見は仏がみずから作りたもうものでもなく、また他が伝授したのでもない。

仏は菩提道場に坐して、このような法を証《さと》り終えて、すべての世界はもともと常に真実の世界（法界）であるとはっきり知って、すぐさま大悲心を生じたもう。どうして、衆生は仏道のすぐ近くにありながら、自ら覚ることができないのだろうか、と。

このようなわけで、如来は世に現われて、還ってこのような概念的認識を超えた（不思議なる）真実の世界をもって、種々の道を分けて作り、種々の教え（乗）を開示し、種々の願い求める心のはたらきに従って、種々の文句、異なる言葉によって、思い通りに加持して、真言道を説きたもうのである。（空海『十住心論』第十住心）

法身が説法するかどうかについては、インド仏教の時代から、認める立場・認めない立場の長い議論があります。インドのブッダグフヤは『大日経』の註釈書『大日経広釈』のなかで、法身と菩提道場に住する者（変化身としての現等覚身）は説法せず、報身と変化身が説法すると説いています（高田仁覚『インド・チベット真言密教の研究』）。

密教の教えは日本とチベットで盛んですが、チベットの最大宗派であるゲルク派の開祖ツォンカパ（法名ロサン・タクパ。一三五七〜一四一九）は、『大日経』や『金剛頂経』の説者を報身であるとしています（『真言道次第（ガクリム・チェンモ）』、高田仁覚前掲書参照）。『十住心論』や『秘蔵宝鑰』を見ると、空海の仏教理解は基本的に二諦《たい》（二つの真理。勝義諦／世俗諦）の説を踏まえています。二諦は、アビダルマや唯識においても説かれますが、空海が取り上げるのは、第七住心（三論宗＝中観の教え）においてです。そこでは『般若心経』の「色即是空、空即是色」や、ナーガールジュナ『中論』二十四章の所説を踏まえて論じられています（132、139〜140頁参照）。

凡夫の段階では、空はまだ実際には直接に体験することができません。聖者の境地にある者（初地〜十地の菩薩）は瞑想中に空性を体験し、瞑想を終えると再び心は対象を捉えますが実体としては映らなくなる、といわれています。これは、日本・チベットに共通した理解です。

仏教の二諦（勝義諦／世俗諦）は、この瞑想中・瞑想後に対応しており（シャーンティデーヴァ『入菩薩行論』第九章）、完成された仏陀の境地においては、瞑想中・瞑想後にまったくの差がなくなる、といわれています。

私たちがよく知っている「観自在菩薩、照見五蘊皆空……」ではじまるものの前後に状況説明を付け加え、長いほうの『般若心経』では、釈尊がインドの霊鷲山で瞑想中で、その境地を観自在菩薩が理解し、釈尊の高弟のシャーリプトラ（舎利子。舎利弗とも）に説明していて、その内容が短いものに相当する箇所になります。

短いものは「掲帝　掲帝　般羅掲帝　般羅僧掲帝　菩提僧莎訶」と陀羅尼が説かれて終わりますが、長いものはその後に、釈尊が瞑想を終えられ、「善哉、善哉」と観自在菩薩の説明を肯定し、集まっていた者たちが喜んだ、という締め括りの内容があります。

瞑想中にあった釈尊は、観自在菩薩と舎利子の会話をすべて聞いていたのです。私たちのような初心者であれば、二人が話していることが気になって、瞑想に集中できなかった、ということになるでしょう。しかし釈尊は、もちろんそうではありません。

深い瞑想の境地にありながら、同時に瞑想していない時のように対象を捉えることができる、長い『般若心経』の終わりの部分は、修行が完成した仏陀の境地がどのようなものであるかを示しているのです。

†あらゆる存在の響きは法身の教え

空海が注目したのは、十住心の体系で第九住心に位置づけられている『華厳経』で、さとりを開いた、すなわち修行の結果として得られた姿である報身の毘盧遮那仏が直接教えを説かず、集まった菩薩たちのある者が仏の加持によって代わりに教えを説いているということです。

『法華経』も、報身である久遠実成の仏である報身は教えを説かず、変化身である釈尊が自身である久遠実成の仏について説いている経典です。

空海は『秘蔵宝鑰』第四住心の十四問答（本書冒頭。46頁）で、『法華経』や『華厳経』のような一乗の教えについて、三乗（声聞乗・独覚乗・菩薩乗）の教えが凡夫を実体視からの解放に導くための教えであるのに対して、瞑想中に空を体験した初地〜十地の菩薩のための教えであると位置づけています。

初地〜十地の菩薩は、すでに空を体験していて実体視からは解放されていますが、まだ瞑想中（空）と瞑想後（色）が完全に一致していないため、媒介を必要とします。

それに対して勝義（瞑想中。「空」）と世俗（瞑想後。「色」）が完全に一致している（「色即是空、空即是色」）仏陀の境地においては、あらわれはすべて空のあらわれで、宇宙を構成している要素（五大＝地・水・火・風・空）は、法身である大日如来の身・口・意です。

五種の構成要素（五大）にみな響きがある。十種の世界に言語がそなわっている。六種の対象はすべて文字である。真理の体現者はあるがままの姿である。（五大にみな響あり。十界に言語《ごんご》を具す。六塵ことごとく文字なり。法身はこれ実相なり。――空海『声字実相義』）

これこそが真の曼荼羅であり、あらゆる存在の響きは法身の教えです。それが法身説法です。

しかし、私たちは、煩悩によって汚れ、実体視によって世界の真の姿を見ることができないため、通常、それを聞き取ることができません。

そのような衆生のために、大日如来は慈悲の心によって報身や化身の姿を取って姿を現わし、この境地に到達するための様々な方便としての教えが説かれたのです。法身・報身・変化身という分類は顕教のもので、この意味で、密教では報身も変化身もすべて、法身の表われと捉えます。『十住心論』などでは、この四種法身（自性法身・受用法身・変化法身・等流法身）の考えが説かれています。

これが弘法大師空海の仏教理解です。

第十住心の典拠として引用されているのは、『大日経』の次の箇所です。

また次に秘密主よ、真言門で菩薩の行を修行するもろもろの菩薩は、無量無数百千倶胝那臾多劫に積んだ無量の功徳智慧と、修行した無量の智慧方便を、ことごとく成就する。(『大日経』住心品)

もうひとつ、次のような教えも引用されています。

そのとき、毘盧遮那《ビルシャナ》世尊は、一切如来一体速疾力三昧に入って、自証の法界体性智三昧を説いていわく、われは本不生を覚り、言語の道を出て、様々な誤りから解脱することができた。因縁を離れ、空は虚空に等しいと知って、如実の智慧が生じた。すでに一切の暗闇を離れたので第一実無垢である。(『大日経』具縁品)

後者については、空海は直接の面授でなければ説明することはできないとしています。

終　章
道としての仏教

修行大師像（西新井大師總持寺）。
山林修行をおこなう若き日の空海の姿を表わす。

†無我や空こそが倫理を成り立たせる――和辻哲郎の仏教理解

本書でたびたび述べてきたように、仏教は私と私が捉えている対象をリアルに感じる私たちの心の認識のメカニズムに苦しみの真の原因を求めています。仏教の説く無我や空は、知識として理解されるものではなく、修行によって体験される必要があります。

よく言われる「輪廻は輪廻する主体である我を前提としており、無我を説く仏教本来の考えとは相容れない」という説は、一見もっともらしく見えますが、無我が思想や知識ではないという点を見落としています。

これは倫理学者・思想史家の和辻哲郎(一八八九～一九六〇)が唱えた説(『仏教倫理思想史』『原始仏教の実践哲学』)ですが、あまりにも有名になって一人歩きしてしまい、和辻がどのような仏教理解からこの説を立てたかは忘れられがちです。

当時のヨーロッパの仏教研究では、仏教の無我が虚無論的に捉えられ、それでは倫理・道徳が成り立たないため、後に因果応報の考えが取り入れられた、と考えられていました。

それに対して無我や空こそが倫理を成り立たせる、というのが和辻哲郎の理解で、彼が西洋の道徳哲学に対して独自の「人間」の学としての倫理学を説く発想の元になっています（『倫理学』）。

ナーガールジュナの『中論』は、従来の仏教理解に立つ者との対論形式で説かれていますが、その二十四章で、すべてが空であるならば道徳が成り立たないと説く対論者に対して、それは空についての誤解に基づくものであり、すべてが空でなければ道徳は成り立たない、ということが説かれています。

和辻は、仏教の説く苦は、楽に対する苦のことではなく、私がいて、私が捉えた通りの対象、世界があるという捉え方で、仏教はそのような「自然的立場」からの止揚を目指すものだと説いています。そして、無我を主張するからといって「自然的立場」における我を認めないわけではない、とも指摘しています（『仏教倫理思想史』）。

文献と当時のヨーロッパの仏教研究だけからこのような理解に到達した和辻の鋭さは、驚くべきものです。

すべてが空でなければ道徳は成り立たないと説く『中論』二十四章で説かれているのが、二諦（勝義諦／世俗諦）です。

無我や空、和辻のいう「自然的立場」から解放された境地が勝義、究極の真理で、輪廻は世俗において認められているものです。「私」という捉え方がある限り、輪廻から解放されることはない、というのが伝統的な仏教の考えです。それは「自然的立場」においては我が認められているという和辻の理解とも一致しており、輪廻は輪廻する主体としての「我」を前提としており、無我を説く仏教の考えと矛盾している、という説のほうが、和辻の論のなかで一貫性を欠くものです。

†釈尊は輪廻を説かなかったのか?

もうひとつ、釈尊は輪廻を説かなかったという説の根拠としてよく挙げられるのが、釈尊が世界に終わりがあるかなどの十四の問いを問われて答えなかった、ということです(十四無記)。

これは釈尊の時代のインドの状況を踏まえて考える必要があります。

インドでは神話(『リグ・ヴェーダ』)に基づくカースト制が、古代から現代に至るまで、強い影響力を持っています。

人は生まれながらにして地位や職業が定まっているという考えで、神々をまつるのは司祭者のカーストであるバラモンの役割とされてきました。

それに対し、古代の一時期、生産量が増大して富の蓄積や流通がおこって、王族や商人層が台頭し、非バラモンの宗教家が多数登場しました。釈尊もその一人です。

彼らは盛んに形而上学的な議論を戦わせていました。釈尊はそのような論争には参加せず、弟子にも関わらないよう説いていましたが、わざわざ論争を挑みにやってきたり、当時盛んだった問いについて釈尊に尋ねる者もいました。

それに答えなかったというのが、この十四無記です。インドのナーガールジュナは、これらの問いに答えなかったことこそが、釈尊が一切智者、さとりを開いた存在である証しだと説いています（『宝行王正論』）。

世界に終わりがある、という立場も、世界に終わりがない、という立場も、「私」が「世界」を捉えるという図式を前提としています。その図式こそが苦しみの原因だというのが仏教の基本ですから、それに答えないことこそが、釈尊がその図式から解放された存在だったことの証しだというのです。

これはもちろん、「私」を実体視する段階で輪廻を認めない、ということではありません。無我だから輪廻はない、という説は、日常意識における「私」の連続性の否定で、インドでは、借金をしたのは昨日の私だから、今日の私が返すいわれはない、という道徳否定説とされ、多くの支持を得ませんでした。

仏教を批判する側が、仏教の無我や空を道徳否定説と考えて批判するというのなら、まだわかります。かつてのヨーロッパの仏教理解も、それに近いものでした。

しかし、それを僧侶の方が主張することは、少なくともインド的な発想では、本人にそのつもりはなくても「私は借りた金は返さない」「人を殺しても罪にはならない」と言っているようなものです。仏教系の大学で僧侶の卵に近代的仏教理解を教えてきた弊害が、そのようなところにあらわれています。

輪廻というのは、単に死んだら地獄に落ちてそこに角の生えた鬼がいる、ということではありません。閻魔大王の姿が中国や日本では中国の裁判官の服装で表わされるように、角の生えた鬼は文化的表象かもしれません。輪廻とは、一つの行為はそれで完結せず、それによって次の行為が引き起こされていく行為の連鎖のことです。ですから私たちの生もゼロからいきなり始まったわけではなく、また死んで突然ゼロになってしまうこともないと考えます。

私がいて、私が捉えた通りの対象がある、というのは、私たちが一瞬一瞬感じているリアリティで、単なる思想や観念ではありません。いきなり空や無我の境地に到達する、ということはまず不可能です。

初心者がいきなりそこにたどり着くことはできません。その前段階として説かれるのが、自己中心的な私たちの視点をより広い視点から捉えなおすための教え、輪廻や因果応報、仏の眼を意識して自分のおこないを反省することなのです。

現代の僧侶の多くが輪廻や因果応報を否定するのは、それが歴史的に差別に用いられてきたことへの反省もあるかもしれません。しかしそれは、輪廻や因果応報の教えの間違いではなく、自己中心的な物の見方を反省するための教えを、他人を判断、批判するものとして用いいた、使い方に原因があります。

†仏教固有の教え――実体視からの解放

ほとんどの人にとって、私と私が捉えた世界が実体であることは、疑う必要を感じない「現実」で、それが苦しみの原因であるとか、そこから解放されたいとは考えていません。ですから、多くの人にとって当面役に立つのは、十住心でいえば第一〜第三住心、私たちの物の見方に合わせた教えです。

これは、他宗教と共通する内容で、仏教固有の教えではありません。しかしそこを他思想の混入として取り去ってしまったら、仏教の教えは、梯子の下段を取り払ったような、誰も登ることのできないものになってしまいます。

明治以前の日本は、神仏習合、今のようにお寺と神社が別々の宗教の施設になってはいませんでした。これを、仏教が日本に入って変質してしまった、と捉えるのは、近代的な仏教理解です。

仏教の基礎の部分は他宗教と共通しており、インドでも中国でもチベットでも、仏教はその土地の信仰と結びつくことで、その地に根を下ろしていました。

日本では、仏教はそれまでの神や死者のまつりに僧侶が関わるという形で、在来の信仰と結びつきました（本書31頁）。本書の冒頭で述べたように、お盆は仏教行事とされていますが、伝統的な輪廻の考えと、死者の霊が毎年帰ってくるという考えにはずれがあります。柳田国男は、死者の霊が毎年帰ってくるというのは、仏教伝来以前から存在した死者のまつりで、それを仏教が取り込んだものと考えています（『先祖の話』）。

自分が捉えた物を実体として疑わない人が、数の上では圧倒的ですから、多くの日本人にとって、仏教との関わりは、神や死者をまつるために僧侶に読経をお願いすることでした。明治維新の際の神仏分離によって、神のための読経がおこなわれなくなっても、死者のために経を唱えることは、私たちと仏教の関わり方の中心になっています。

私たちの物の見方に合わせた、実体視を前提とする段階では、仏の眼はあくまでも私たちの意識が思い描くもので、真の仏の眼とは違います。本当の仏の眼が獲得されるのは、私たちが深い瞑想中に空を体験して、「私」「私の」という思いから解放された時です。

その時は、仏の眼を意識する私と、意識される仏の眼という二元的関係は存在しませんから、真の仏は心の仏、ということができるのです。それは、私が自分の中に想定する仏、ではありません。「私」「私の」という思いから解放されてくる時に見えてくるものですから、内なる仏と外なる世界という捉え方はそこにはありません。それが曼荼羅の真の意味です。

道としての仏教——正しい順序で歩む必要性

『十住心論』冒頭の総論部分で、十住心の階梯が次のように道にたとえられています。

衆生は狂い迷っていて、帰るべき家を知りません。そうやって三悪趣(地獄・餓鬼・畜生)に沈み、四種の生まれ(四生。胎生・卵生・湿生・化生)を繰り返しさまよっています。苦しみの本当の原因を知らないため、本来の境地に戻ろうという気持ちがないのです。

聖なる父のごとき仏陀は、それをあわれんで、帰る道を示されました。帰る道にもまっすぐな道や回り道があり、乗り物にも早い遅いがあります。牛や羊の車（三乗の教え）は曲がった道を少しずつ進んで、三大無数劫と呼ばれる長い時間を必要とします。超自然的な力で走る車（密教）は虚空をすばやく飛んで、一生のうちに必ず到着することができます。再び人に生まれることと、天に生まれることは、輪廻の内でいずれ焼け滅びてしまうものですが、三悪趣と比べるならば、安楽であって、苦しみではありません。

そのため慈しみある父のごとき仏陀は、一時的に人天乗（第二・第三住心の教え）を与えて、その甚だしい苦しみからお救いになりました。

二乗（声聞乗・独覚乗――第四・第五住心の教え）は、小さな都市とはいっても、輪廻の生死と比べるならば、すでに火事で燃えている家から出ています。そこで、覚父（仏陀）は仮に羊や鹿の車（二乗）を説いて、旅人を一時的に神通力で作った都市に休息させました。

（三乗のひとつとしての）菩薩の宮殿（第六・第七住心の教え）と、仮の仏陀である報身の宮殿（第八住心の教え）のふたつは、まだ究極である密教の世界、金剛界に到達してはいませんが、それまでの諸々の住処と比べるならば、大自在安楽無為といえるものです。ですから如来（仏陀）は、方便としての牛車と一乗の大白牛車を与えて、帰るべき家を示されました。

　これらの二つの宮殿は、家の雑草を刈り取っただけで、まだ地下に埋まっている宝の蔵を開いてはいません。どうして大海の塩味を味わっただけで、海の底の龍宮にある宝珠を得ないでおれましょうか。浅い段階から深い段階に至り、近い目的地から遠い目的地に到達して、荒いものから微細なものに、苦から楽に転じたとはいっても、これもまだ蜃気楼や幻術師の作り出す幻（イリュージョン）のような仮の宮殿です。まだ三密（身密・口密・意密）・五相成身・四種曼荼羅（大曼荼羅・三昧耶《サマヤ》曼荼羅・法曼荼羅・羯磨《カツマ》曼荼羅）・究極の真実である金剛心殿には入っていません。

　……もし明らかに仏の密号を理解し、深く荘厳された秘密の蔵を開くならば、概念的には対立する地獄と天界、煩悩と菩提、生死と涅槃、辺邪と中正、空有と偏円、二乗と一乗は、すべて自心の仏の名字です。どれを捨ててどれを取るということはありません。そうではありますが、秘密の名前を理解するものは麒麟《きりん》の角のように少なく、自心に迷うものは牛の毛のように沢山です。それゆえに、大慈の仏陀は、これらの無量乗をお説きになり、衆生を一切智の境地に入らせたのです。(空海『十住心論』)

「仏教」という言葉自体は前近代からありましたが、それは文字通り仏の教えという意味で、今で言う仏教全体は、仏道と呼ばれていました。道と考えると、伝統的な仏教の考えをよく理解できると思います。

東京に住んでいる人間が金閣寺に行きたいと考えて、人に行き方を尋ねたら、「新幹線に乗って京都に行きなさい」とアドバイスが返ってくるでしょう。実際にでかける時は、まず戸締りをします。戸締りをしたからといって金閣寺に到着するわけではありませんが、戸締りをしなければ、そのことがずっと気にかかり、旅を続けることはむつかしいでしょう。また、新幹線の発着駅まで行かなくては、新幹線に乗ることはできません。

そして新幹線に乗り、京都の駅で降りても、そこに金閣寺はありません。人に聞くと、何番のバス停からどこどこ行きのバスに乗り、何という停留所で降りる必要があると言います。そうやってバスに乗って、停留所で降り、お寺のなかに入り、人にどうすれば金閣寺に行くことができるかと聞くと、ここが金閣寺で、どこにも行く必要はない、と言われます。

そうやって金閣寺に行くことができたとき、「新幹線に乗って京都に行きなさい」とアドバイスをくれた人に、「お前はうそを教えた。京都駅に着いてもそこに金閣寺はなかった」と抗議するでしょうか。そんなことはありません。「教えてくれてありがとう。おかげで金閣寺に行くことができた」と感謝するでしょう。それどころか、家の戸締りも、新幹線の発着駅に行くことも、バスに乗ることも、すべて金閣寺に行くために不可欠だったことを、金閣寺にたどり着くことができた人は知っています。

逆に、もし出かける前に、「新幹線に乗って京都駅に着いても、金閣寺はそこにない。何時間もかけても、それはお金と時間が無駄になるだけだ。何番のバスに乗って何々停留所で降りるのが金閣寺に行く正しい方法だ」、あるいは「どこにも行く必要はない、ここが金閣寺だ」と知ったかぶりをする人から話を聞いて、それに従ったとしたら、どうでしょう。

新幹線に乗らずにいたり、どこにも出かけず、どこにも行く必要はないんだと念じてみても、いつまでたっても金閣寺にたどり着くことはありません。

ですから、金閣寺に行きたいのであれば、実際に金閣寺に行くことができた人からアドバイスを受けることが大切です。それが伝統的理解において、師の指導を受けることが不可欠とされた理由です。

教えは、戸締り、新幹線の発着駅まで行って新幹線に乗る、新幹線で京都駅まで行く、バスに乗って停留所まで行く。ここが金閣寺でどこに行く必要もない。それらがバラバラに説かれていて、それを正しい順番で進んでいかなければ、金閣寺にたどり着くことはできません。

†仏が私たちの苦しみを直接なくすことはできない

ではなぜ仏陀は、バラバラに教えたのでしょうか。それは仏教の考える苦しみの真の原因と関係しています。

私たちは、自分が捉えた通りのよいもの、悪いものが実体としてあると考え、よいものと捉えればそれを欲しいという気持ち、悪いものと捉えればそれを排除したいという嫌悪の気持ちを生じさせ、それを満たすことが苦しみをなくし、幸せを手に入れる方法だと信じて疑っていません。

しかし、それらは私たちの心にありありと映っていますが、もしそれが本当に実体であるならば、おいしいものは誰にとってもおいしいもので、また常においしいものでなければばなりません。人によって好き嫌いがあったり、空腹時には食べたくてたまらなかったものが、お腹いっぱいになったらもう見るのもいやになったりすることは、理屈に合いません。それは心にありありと映っていますが、実体ではないのです。仏教の説く空は、私たちが捉えたような実体「ではない」ということです。

密教では空性のことを阿字本不生《アほんぷしょう》といいますが、アーはサンスクリットの否定辞、言葉の冒頭につくとそれを否定する言葉です。

欲しいものが手に入らないから苦しい、嫌なものをなくすことができないから苦しいのではなく、それを欲しいもの／嫌なものと捉える私たちの心の認識のメカニズムに苦しみの本当の原因がある、それが釈尊の発見したことでした。

しかしよいもの／悪いものがあるということは、観念ではなく、私たちが日々刻々感じているリアリティそのものですから、単に仏教の教えを聞いて信じるだけでは何も変わらず、私たちの物の見方を変えていく必要があります。それが修行です。

仏陀は修行法、苦しみをなくす方法を教えることはできますが、物の見方を変えるためには、私たち自身がそれを実践する必要があり、仏が私たちの苦しみを直接なくすことはできません。

しかも、私たちが納得する理由、目標がなければ、修行法があったとしても、誰もやらないでしょう。それが一律ではなく、私たち一人ひとりに合わせて異なる教えを説く必要があった理由です。

山登りをするとき、まだ麓にいるときと、山の中腹、頂上近くでは、見える景色が大きく違います。まだ自分が麓にいるときは、中腹や頂上にいる景色について聞かされても、ピンとこないかもしれません。しかし私たちが山を登って実際に中腹にまでたどり着いたならば、ああ、この景色のことか、と合点がいきます。仏教はそうやって理解していく教えです。

日本で高僧の法話、というと人生論のようなものを考えます。学者や僧侶による易しい仏教の解説もありますが、それは多くの場合、実際には理解困難なものを、わかりやすい別のものに置き換えた説明です。

チベットでは政治的状況もあり、高僧の多くは国を離れてインドやネパール、西洋に拠点を置き、活動しています。現在、世界の各地で説かれているチベットの教えでは、俗人の外国人に対しても、経典や論書など、仏教のテキストの解説がおこなわれます。それは、社会は異なっていても、苦しみの真の原因である私たちの心の認識のメカニズム自体は変わらず、古代インドやチベットの苦しみの解決法が、そのまま現代の私たちの問題を解く鍵になることに揺ぎない確信があるからです。それを、今ただちに理解できないとしても、道を進んでいけば、いずれ「ああそうか」とわかる日が来るはずのものだからです。

空海の時代、まだインドに仏教が存在し、空海自身はインドを訪れてはいませんが、唐でインドから来た阿闍梨やバラモンに接しています。ちょうど、同じ時期、古代チベット王国では、国の政策として、インドからの仏教の導入がおこなわれていました。空海が学んだ教えとチベットに伝わった教えが同系統のものであることについては、実証的な研究があります（生井智紹『密教・自心の探求』）。

日本人が近代化の過程でヨーロッパの仏教理解を取り入れたのとは対照的に、西洋では、欲しいものを追いかけ続けても終わりはなく、苦しみから解放されることはないという仏教の教えに関心をもつ人が増えてきています。彼らは必ずしも仏教徒に改宗しているわけではありませんが、生活のなかに仏教をとりいれ、機会があれば高僧から教えを受け、夜寝る前にベッドサイドで英訳された仏教書を読み、目がさめたときに少し瞑想したりもします。ケネス・タナカ『アメリカ仏教』は、そういうナイトスタンド・ブッディストと呼ばれている人たちを紹介しています。

†現代に通用する空海の教え

本書では、空海の教え自体を解説するのではなく、その背景となっている仏教の考え方を説明し、なぜ空海がそのようなことを説くのかが読者にわかるよう努めました。また、空海が直接言及していない空海以降の日本仏教の展開や、現在の状況について言及し、それがどうつながるのかがわかるようにしました。

それは、そうすることによって、空海の教えを現代に通用する教えとして蘇らせることができると考えたからです。それは空海の教えに対するアプローチとしては、異色かもしれません。しかし、すでに『秘蔵宝鑰』については、何冊も現代語訳や解説書が出ています。

何よりも、そのように仏教の教えを現代に役立つ教えとして蘇らせることは、空海が『秘蔵宝鑰』でおこなったことでもありました。

十住心は『大日経』住心品を典拠とするといいますが、松長有慶『大日経住心品講讃』も指摘しているように、直接、住心品から十住心というものが導き出されたわけではありません。

たとえば、第三住心のところで典拠として引用されている最初のものは、直接第二住心の引用と連続しています。それに対して第三住心での引用の後半は、別の内容です。それは、天界に欲界と色界・無色界があり、前者に生まれる実践は悪をなさずに善をなすことで、人間に再び生まれるのと同じ実践ですが、色界・無色界に生まれる実践は、瞑想で、実践内容が異なるためです。

また、第七住心での引用は、直接には第十住心での引用につながります。それは、『法華経』や『華厳経』は存在していたものの、インドには『法華経』に基づく法華宗（天台宗）や『華厳経』に基づく華厳宗は存在せず、それらは中国で生まれたものだからです。

第八住心の長文の引用は、それまでの住心における引用とは別の箇所からの引用です。第九住心の引用は、第八住心におけるもうひとつの引用と大半が同じで、「極無自性心生ず」という部分のみが新たに付け加わっています。それを第九住心の典拠とするのは、『大日経疏』において「此の極無自性心の一句に、悉く華厳経を摂し尽くす」とされているためです。それらは、大日経では、第十住心の引用のあとで説かれているものです。

このように、実際に見るかぎり、「ただ、伝統教学の枠を離れて考えれば、『大日経』のこの箇所を、十住心説の直接的な典拠と見るにはなお問題が残る」、「師は十住心説を新たに構築するに当たって、『大日経』ならびに『大疏』のこの箇所を直接的な典拠にしたというよりは、むしろこれらの記述にヒントを得、さらに八宗の教学を参考にして、新たに十住心説を構成したと見るほうが妥当と言えるであろう」（松長有慶前掲書）ということになるでしょう。では、『大日経』を典拠とするのは、単なる権威づけかというと、けっしてそうではありません。

大日如来の教えそのものは、いつの時代にも当てはまる真理です。しかし、それが言葉として形になれば、その時代の制約を受けます。ですからそれをそのまま空海の時代の日本にあてはめようとしても、うまくいきません。空海が『秘蔵宝鑰』でおこなったのは、『大日経』住心品に籠められている大日如来の真実を、空海自身の言葉で当時の日本の状況に合わせて語りなおすことだったのです。

私の理解や知識は微々たるもので、どれだけうまくいったかは読者の判定にゆだねるほかありませんが、少なくとも方向性としては、間違っていないはずです。

今も空海が瞑想状態に留まっているといわれる高野山奥の院参道

より深く学びたい人のための文献案内

空海入門

宮坂宥勝『空海――生涯と思想』ちくま学芸文庫、二〇〇三年
松長有慶『空海・心の眼をひらく――弘法大師の生涯と密教』大法輪閣、二〇〇二年
加藤精一『空海入門』角川ソフィア文庫、二〇一二年

『空海コレクション』

『空海コレクション』全四巻、ちくま学芸文庫
（『弘法大師空海全集』全八巻、筑摩書房の成果を踏まえた文庫版）
第一巻『秘蔵宝鑰』『弁顕密二教論』（宮坂宥勝監修）、二〇〇四年
第二巻『即身成仏義』『声字実相義』『吽字義』『般若心経秘鍵』『請来目録』（宮坂宥勝監修）、二〇〇四年
第三巻『秘密曼荼羅十住心論』上（福田亮成校訂・訳）、二〇一三年
第四巻『秘密曼荼羅十住心論』下（福田亮成校訂・訳）、二〇一三年

『秘蔵宝鑰』

加藤純隆・加藤精一訳『ビギナーズ日本の思想　空海「秘蔵宝鑰」――こころの底を知る手引き』角川ソフィア文庫、二〇一〇年
（説明を大幅に補い、通読して理解できるようにした意訳）

勝又俊教『仏典講座　秘蔵宝鑰・般若心経秘鍵』大蔵出版、一九九八年
（『弘法大師著作全集』全三巻、山喜房佛書林の編纂者による、詳細な註と現代語訳、解説）
金山穆韶、柳田謙十郎『日本真言の哲学——空海「秘蔵宝鑰」と「弁顕密二教論」』大法輪閣、二〇〇八年
小田慈舟『十巻章講説』上・下、高野山出版社、一九八四・八五年
（『秘蔵宝鑰』講説は下巻に収録）

『十住心論』

川崎庸之『日本思想大系　空海』岩波書店、一九七五年
（『十住心論』の読み下しと註）
津田真一『大乗仏典中国日本篇　空海』中央公論社、一九九三年
（『十住心論』の現代語訳）

密教経典

頼富本宏『『大日経』入門——慈悲のマンダラ世界』大法輪閣、二〇〇〇年
頼富本宏『『金剛頂経』入門——即身成仏への道』大法輪閣、二〇〇五年
松長有慶『大日経住心品講讃』大法輪閣、二〇一〇年
（十住心の典拠とされる『大日経』住心品についての、中国・インド註や真言宗の伝統的解釈を踏まえた詳細な解説）
宮坂宥勝訳註『密教経典——大日経・理趣経・大日経疏・理趣釈』講談社学術文庫、二〇一一年

その他関連書

福永光司訳『中公クラシックス　空海三教指帰ほか』中央公論新社、二〇〇三年（『日本の名著　最澄・空海』の空海の部分の再編集）
高木訷元『空海――生涯とその周辺』吉川弘文館、二〇〇九年
高木訷元『空海の座標――存在とコトバの深秘学』慶応義塾大学出版会、二〇一六年
生井智紹『密教・自心の探求――『菩提心論』を読む』大法輪閣、二〇〇八年（『秘蔵宝鑰』で『大日経』住心品とともに典拠として重視される龍猛（ナーガールジュナ）『菩提心論』の解説）

仏教全般

水野弘元『原始仏教入門――釈尊の生涯と思想から』佼成出版社、二〇〇九年
水野弘元『仏教要語の基礎知識』春秋社、二〇〇六年
中村元『ブッダ伝――生涯と思想』角川ソフィア文庫、二〇一五年
中村元編『原始仏典』『大乗仏典』筑摩書房、一九七四年
和辻哲郎『仏教倫理思想史』和辻哲郎全集十九巻、岩波書店、一九六三年
凝念大徳著、鎌田茂雄全訳註『八宗綱要』講談社学術文庫、一九八一年

『倶舎論』・アビダルマ

桜部建・上山春平『仏教の思想　存在の分析〈アビダルマ〉』角川ソフィア文庫、一九九六年
桜部建『仏典講座　倶舎論』大蔵出版、二〇〇二年

唯識・法相宗

服部正明・上山春平『仏教の思想　認識と超越〈唯識〉』角川ソフィア文庫、一九九七年
三枝充悳『世親』講談社学術文庫、二〇〇四年
長尾雅人・梶山雄一・荒牧典俊『大乗仏典　世親論集』中公文庫、二〇〇五年

中観・三論宗

梶山雄一・上山春平『仏教の思想　空の論理〈中観〉』角川ソフィア文庫、一九九七年
中村元『龍樹』講談社学術文庫、二〇〇二年
梶山雄一・瓜生津隆真『大乗仏典　龍樹論集』中公文庫、二〇〇四年
三枝充悳『中論――縁起・空・中の思想』上・中・下、第三文明社レグルス文庫、一九八四年
三枝充悳『仏典講座　三論玄義』大蔵出版、一九七一年

法華経・天台宗

菅野博史『法華経入門』岩波新書、二〇〇一年
坂本幸男・岩本裕『法華経』上・中・下、岩波文庫、一九七六年
田村芳朗・梅原猛『仏教の思想　絶対の真理〈天台〉』角川ソフィア文庫、一九九六年

華厳経・華厳宗

木村清孝『華厳経入門』角川ソフィア文庫、二〇一五年

森本公誠編『善財童子 求道の旅――華厳経入法界品華厳五十五所絵巻より』朝日新聞社、一九九八年
鎌田茂雄・上山春平『仏教の思想 無限の世界観〈華厳〉』角川ソフィア文庫、一九九六年
小林円照・木村清孝訳『大乗仏典 中国日本篇 華厳五教章 原人論』中央公論社、一九八九年

密教

松長有慶『密教――インドから日本への伝承』中公文庫、二〇〇一年
三井英光『真言密教の基本――教理と行証』法蔵館、一九七九年
杉木恒彦訳『八十四人の密教行者』春秋社、二〇〇〇年
H・V・ギュンター、C・トゥルンパ著、宮坂宥洪訳『タントラ叡智の曙光――タントラ仏教の哲学と実践』人文書院、一九九二年
高田仁覚『インド・チベット真言密教の研究』密教学術振興会、一九七八年

日本仏教史

末木文美士『日本仏教史――思想史としてのアプローチ』新潮文庫、一九九六年
末木文美士『中世の神と仏』山川出版社、二〇〇三年
末木文美士『近世の仏教――華ひらく思想と文化』吉川弘文館、二〇一〇年
末木文美士編『新アジア仏教史11 日本Ⅰ――日本仏教の礎』佼成出版社、二〇一〇年
末木文美士編『新アジア仏教史12 日本Ⅱ――躍動する中世仏教』佼成出版社、二〇一〇年
末木文美士編『新アジア仏教史13 日本Ⅲ――民衆仏教の定着』佼成出版社、二〇一〇年
末木文美士編『新アジア仏教史14 日本Ⅳ――近代国家と仏教』佼成出版社、二〇一一年

末木文美士編『新アジア仏教史15　日本V――現代仏教の可能性』佼成出版社、二〇一一年
五来重『高野聖』角川ソフィア文庫、二〇一一年
五来重『四国遍路の寺』上・下、角川ソフィア文庫、二〇〇九年
五来重『善光寺まいり』平凡社、一九八八年
五来重『山の宗教――修験道案内』角川ソフィア文庫、二〇〇八年
道元『正法眼蔵』一〜四、岩波文庫、一九九〇〜一九九三年
池田魯山『宝慶記――道元の入宋求法ノート』大東出版社、二〇〇四年
（道元入門として『正法眼蔵随聞記』を挙げる人が多いが、『宝慶記』は、中国に渡った道元が師の天童如浄から学んだ教えの記録であり、『正法眼蔵』理解に欠かせない）
浄土真宗教学研究所浄土真宗聖典編纂委員会『顕浄土真実教行証文類（現代語版）』本願寺出版社、二〇〇〇年
浄土真宗教学研究所浄土真宗聖典編纂委員会『浄土真宗聖典――註釈版（七祖篇）』本願寺出版社、一九九六年
（『歎異抄』はよく読まれているが、親鸞の意図を読み違える危険も高い。浄土七祖（インド・中国・日本の高僧）の教えを踏まえて主著の『教行信証（顕浄土真実教行証文類）』を読むことが、親鸞理解には欠かせない）
柳田国男『先祖の話』角川ソフィア文庫、二〇一三年
義江彰夫『神仏習合』岩波新書、一九九六年
山本ひろ子『中世神話』岩波新書、一九九八年
山本ひろ子『異神――中世日本の秘教的世界』上・下、ちくま学芸文庫、二〇〇三年

伊藤聡『神道とは何か――神と仏の日本史』中公新書、二〇一二年
安丸良夫『神々の明治維新――神仏分離と廃仏毀釈』岩波新書、一九七九年
鈴木大拙『日本的霊性（完全版）』角川ソフィア文庫、二〇一〇年
碧海寿広『入門　近代仏教思想』ちくま新書、二〇一六年
大谷栄一・吉永進一・近藤俊太郎編『近代仏教スタディーズ』法藏館、二〇一六年
智山伝法院編、廣澤隆之・宮坂宥洪監修『近代仏教を問う』春秋社、二〇一四年

現代と仏教

ケネス・タナカ『アメリカ仏教――仏教も変わる、アメリカも変わる』武蔵野大学出版会、二〇一〇年
チョギャム・トゥルンパ著、風砂子デ・アンジェリス訳『タントラへの道――精神の物質主義を断ち切って』めるくまーる、一九八一年
ソギャル・リンポチェ著、大迫正弘・三浦順子訳『チベットの生と死の書』講談社、一九九五年
ジャン＝フランソワ・ルヴェル、マチウ・リカール著、菊地昌実・高橋百代・高砂伸邦訳『僧侶と哲学者――チベット仏教をめぐる対話』新評論、二〇〇八年
ダニエル・ゴールマン他著、加藤洋子訳『なぜ人は破壊的な感情を持つのか』アーティストハウス、二〇〇三年
鈴木俊隆著、松永太郎訳『禅マインド　ビギナーズ・マインド』サンガ新書、二〇一二年
弟子丸泰仙『禅と文明』サンガ文庫、二〇一三年
藤田一照・伊藤比呂美『禅の教室――坐禅でつかむ仏教の真髄』中公新書、二〇一六年
鈴木章子『癌告知のあとで――なんでもないことが、こんなにうれしい』探究社、二〇一〇年

あとがき

チベットで宗派を超えて用いられる、小僧さんがお寺に入った時に最初におぼえる教えとして、トクメー・サンポ（一二九七〜一三七一）著『三十七の菩薩の実践（ギャルセー・ラクレン・ソドゥンマ）』があります。仏教の第一歩から仏陀の境地に至るまでの実践を三十七の短い詩にまとめたもので、旅立ちに際して手に入れる旅の全体地図のような教えです。

チベットの宗派は、専修を説く日本の鎌倉仏教の諸宗派とは違い、日本のお茶や生け花の流派のような、教えの系譜による区分です。それぞれの宗派のなかに戒律も唯識や中観も『般若心経』も浄土信仰も密教も、すべて含まれています。

仏教の教えは薬のようなもので、適切な段階に適切な用い方をしなければ効果がなく、用い方を誤れば逆効果になることもあります。今自分はどの段階にいて何をなすべきなのか、学んでいる教えはどこで役立つのかを理解するために、『三十七の菩薩の実践』のような教えが必要なのです。

もちろん、ひとつの教えがひとつの用い方しかできない、ということはありません。『般若心経』は仏陀のさとりの境地について説いた教えですが、それを心を鎮めて写経することによって、他宗教と共通する意識の一点集中（止）の修行に用いることもできます。しかしそれは、仏教の全体像がわかった上でのことで、単に『般若心経』といったら写経だ、ということになれば、本来の可能性のごく一部しか享受できません。

日本でも、伝統的には各宗派では固有の実践を受け継ぐ一方で、僧侶が倶舎・唯識などの伝統仏教学を学び、全体像を理解した上で教えが説かれていました。

それが大きく揺らいだのが、明治以降の近代化です。ヨーロッパ起源の近代仏教学が導入され、そのために、学校の教科書で「鎌倉時代の仏教はこういうものです」と書いてあることと、実際に鎌倉時代の人々が信じていたことが、違っているどころか、まったく異なる発想に立っている、というおかしな事態になってしまっています。

せっかく日本史の授業で、正式な戒律を伝えるために鑑真が来日した、とか、聖武天皇が奈良の都に大仏を造った、ということをおぼえても、伝統的な仏教理解を知らなければ、なぜそういうことが起きたのかを正しく理解することはできません。

弘法大師空海の十住心は、習得に十数年から二十年かかる伝統的な仏教理解の全体像を簡明に示していて、『般若心経』や『法華経』『華厳経』、倶舎や唯識、中観などの伝統的な意味と相互関係、苦しみを滅する実践における役割を知ることができます。

日本人がヨーロッパの仏教理解を取り入れたのとは対照的に、西洋社会では、欲しいものを追いかけ続けることに疲れた人々が、物の見方を変えることによって苦しみから解放されるという仏教の発想と実践に関心を示しはじめています。

弘法大師の十住心は千年後の日本に暮らす私たちにとって、かけがえのない贈り物です。

本書は、慈母会館（全日本仏教尼僧法団）でおこなった一般向けの『秘蔵宝鑰』の勉強会の内容が元になっています。勉強会において、また本書執筆に際して、多くの方にお手伝い、ご協力いただきました。筑摩書房の松田健さんには、読者の目線に立った小見出しを設けるなど、本書を読みやすくするための的確なアドバイスをいただきました。この場を借りて感謝します。

本書が、仏教や弘法大師の教えへの関心のきっかけとなりましたら、それにまさる喜びはありません。

二〇一七年七月　　　　　　　　　　　　　　　　吉村 均

ちくま新書
1284

空海《くうかい》に学《まな》ぶ仏教入門《ぶっきょうにゅうもん》

二〇一七年一〇月一〇日　第一刷発行
二〇二四年一一月一〇日　第三刷発行

著者　吉村　均（よしむら・ひとし）
発行者　増田健史
発行所　株式会社 筑摩書房
東京都台東区蔵前二-五-三　郵便番号一一一-八七五五
電話番号〇三-五六八七-二六〇一（代表）
装幀者　間村俊一
印刷・製本　株式会社 精興社

ISBN978-4-480-06996-2 C0215